# 数字时代的金融新版图

周蓉蓉 〇 著

人民日報出版社

北 京

图书在版编目（CIP）数据

　　数字时代的金融新版图 / 周蓉蓉著. -- 北京：人民日报出版社，2025.4. -- ISBN 978-7-5115-8599-8

　　Ⅰ . F830.9-39

　　中国国家版本馆CIP数据核字第2025ZP6424号

书　　名：**数字时代的金融新版图**
　　　　　SHUZI SHIDAI DE JINRONG XINBANTU
著　　者：周蓉蓉
责任编辑：李　安　　南芷葳
封面设计：中尚图
出版发行：人民日报出版社
社　　址：北京金台西路2号
邮政编码：100733
发行热线：（010）65369527　65369846　65369509　65369512
邮购热线：（010）65363531
编辑热线：（010）65369528
网　　址：www.peopledailypress.com
经　　销：新华书店
印　　刷：三河市中晟雅豪印务有限公司
法律顾问：北京科宇律师事务所（010）83632312
开　　本：710mm × 1000mm　1/16
字　　数：170千字
印　　张：15.5
版次印次：2025年5月第1版　2025年5月第1次印刷
书　　号：ISBN 978-7-5115-8599-8
定　　价：69.00元

当前，数字化浪潮席卷全球，科技与经济的深度融合正重新定义世界秩序。金融作为经济的血脉，在这股洪流中迎来了一场深刻的变革——数字金融崛起，这预示着一个新时代的开端。本书旨在揭示这一变革的核心内涵，探索其深远影响。

我们正处于金融历史的转折点。从移动支付到加密货币，从智能投顾到区块链技术，每一项创新都在打破传统金融的壁垒，加速金融服务的普及，降低交易成本，让金融更加贴近民众的日常生活。数字金融不仅改变了个人与企业的财务管理模式，还重新塑造了全球金融市场格局。

数字金融，依托于互联网、大数据、云计算、人工智能等前沿技术，正在打破传统金融的边界。数字金融的全球化特性使资本流动无远弗届，促进了全球贸易与投资的繁荣，为那些曾经被传统金融体系边缘化的群体提供了前所未有的机会。无论是身处偏远地区的农民，还是城市中的初创企业，都能通过数字平台获得信贷、保险和其他金融服务，从而促进经济增长，缩小贫富差距。然而，任何革新都伴随着挑战。数字金融的快速发展引发了关于数据隐私、市场操纵、洗钱和恐怖主义融资等方面的新担忧，因此构建全球性的监管框架与合作机制变得

尤为重要。

在追求效率与利润的同时，我们不应忽视数字金融的伦理考量与社会责任。如何确保技术进步惠及所有人，避免加剧社会不平等，防止算法偏见，都是亟待解决的问题。本书将深入探讨这些议题，倡导负责任的金融创新，追求可持续的发展路径。站在数字金融的黎明时刻，我们期待一个更加智慧、包容且可持续的金融未来。本书不仅是对当前趋势的全面剖析，更是对未来可能性的深刻洞察。它邀请读者一同思考，如何在享受数字红利的同时构建一个公平、透明且具有韧性的金融生态系统，帮助读者理解并把握数字金融的脉搏，共同迎接这一激动人心的时代。

# 目 录

第一章　数字金融概览　　　　　　　　　　　　　　001

　一、数字金融的定义与特征　　　　　　　　　　002

　二、全球数字金融发展脉络　　　　　　　　　　010

　三、中国数字金融崛起之路　　　　　　　　　　017


第二章　数字经济与金融创新　　　　　　　　　　023

　一、数字经济的基础概念　　　　　　　　　　　024

　二、科技驱动的金融创新案例　　　　　　　　　030


第三章　数字支付革命　　　　　　　　　　　　　039

　一、移动支付与电子钱包　　　　　　　　　　　040

　二、跨境支付解决方案　　　　　　　　　　　　043

　三、支付系统的安全与隐私　　　　　　　　　　053


第四章　数字货币新纪元　　　　　　　　　　　　057

　一、中央银行数字货币　　　　　　　　　　　　058

　二、区块链技术与加密货币　　　　　　　　　　071

　三、数字货币的监管框架：平衡与创新的艺术　　075

　四、发展趋势：数字货币的规范化与制度化　　　079

第五章　金融科技崛起　　　　　　　　　　　　　　　081

　　一、金融科技公司的生态系统　　　　　　　　　082

　　二、金融科技的机遇与挑战　　　　　　　　　　095

　　三、金融科技的未来发展趋势　　　　　　　　　100


第六章　数据驱动金融服务　　　　　　　　　　　　117

　　一、大数据在金融中的应用　　　　　　　　　　118

　　二、AI与机器学习的金融实践　　　　　　　　　124

　　三、云计算对金融基础设施的影响　　　　　　　127


第七章　供应链金融数字化　　　　　　　　　　　　135

　　一、供应链金融的基本原理　　　　　　　　　　136

　　二、区块链在供应链金融中的应用　　　　　　　141

　　三、数字化供应链金融的风险管理　　　　　　　147


第八章　绿色金融与可持续发展　　　　　　　　　　157

　　一、绿色金融的政策与实践　　　　　　　　　　158

　　二、碳交易与绿色债券　　　　　　　　　　　　168

　　三、数字技术在绿色金融中的作用　　　　　　　172


第九章　数字金融监管与治理　　　　　　　　　　　179

　　一、数字金融的监管挑战　　　　　　　　　　　180

二、国际金融监管协调     188

三、金融科技创新与合规平衡   193


第十章  金融机构数智化转型    **201**

一、商业银行的数字化战略    202

二、证券与保险行业的变革    209

三、金融科技公司的成长与挑战  213


第十一章  数字金融下一个十年   **221**

一、数字金融的长期趋势预测   222

二、全球化与地区差异     226

三、数字金融的伦理与社会责任  228


后　记          235

# 第一章

## 数字金融概览

# 一、数字金融的定义与特征

　　数字金融的创新深刻影响着金融行业的未来，改变了金融服务的交付方式，促进了金融生态系统的多元化，推动了传统金融机构的转型。在此过程中，能够迅速适应变化、抓住数字金融机遇的机构，将在新的竞争环境中脱颖而出，引领金融行业的发展潮流。数字金融的特征反映了其作为现代金融体系的重要组成部分，在促进经济增长、提高社会福利方面发挥着不可或缺的作用。然而，伴随而来的是对技术和监管不断升级的需求，以确保数字金融的健康发展和用户权益的保护。

## （一）定义

　　数字金融是指利用数字技术（如互联网、大数据、人工智能、区块链等）来提供金融服务的一种模式。它涵盖了传统金融机构和金融科技公司通过数字化手段提供的各种金融产品和服务，包括移动支付、网上银行、数字货币、智能投顾、保险科技、供应链金融等。

## （二）特征

### 1. 技术驱动

在数字金融的广阔天地中，技术的应用如同一条贯穿始终的脉络，将金融服务的方方面面紧密串联起来。从云端计算的海量存储与处理能力，到大数据分析的精准洞察，再到人工智能的智能化决策，以及区块链的去中心化信任机制，每一项技术都在为金融服务的效率提升与个性化体验开辟新径。

云计算提供了弹性和可扩展的基础设施，使得金融机构能够高效处理大量交易和数据，同时降低运营成本。这种能力对于适应市场波动和满足用户需求至关重要，尤其是在高频率交易和实时数据分析方面，云技术的作用无可替代。

大数据分析则如同一把钥匙，开启了理解客户行为和市场趋势的宝库。通过对海量历史和实时数据的挖掘，金融机构能够预测市场走向，识别潜在风险，同时也能精准地定位客户需求，提供更加贴合个人需求的产品和服务。

人工智能的引入，尤其是机器学习和深度学习技术，让金融服务变得更加智能化和个性化。智能投顾便是其中的典型例子，其利用复杂的算法模型，根据每个投资者的风险承受能力、投资期限和财务目标，自动调整和优化投资组合。这种服务不仅降低了投资门槛，还极大地提升了投资决策的透明度和效率，减少了对传统人工理财顾问的依赖。

区块链技术则以其独特的分布式账本特性，为金融交易提供了更高的透明度、安全性和效率。它通过消除中间环节，简化结算流程，加速跨境支付，同时通过智能合约自动执行交易条件，减少了人为错误和欺诈风险，增强了金融系统的整体信任度。

综上所述，数字金融的核心正是这些前沿技术的应用，它们不仅重塑了金融服务的交付方式，也创造了前所未有的个性化体验，为全球范围内的用户带来了更便捷、更智能、更安全的金融解决方案。

## 2. 便捷性

数字金融的兴起彻底颠覆了传统金融服务的界限，将原本复杂的金融操作转化为指尖上的简单互动。借助于移动应用和互联网平台，数字金融为全球用户打造了一个全天候、无缝连接的金融生态系统，让金融服务变得触手可及。

用户现在可以通过智能手机上的应用程序实时访问自己的银行账户，即时查看余额、交易历史和投资状态，无需再受限于营业时间或物理网点的地理位置。转账和支付功能同样得到了极大简化，无论是向朋友转账、支付日常账单，还是进行在线购物，用户只需轻触屏幕，即可在瞬间完成操作，大大节省了时间和精力。

此外，数字金融平台还为用户提供了丰富多样的理财产品选择，从定期存款、基金投资到股票交易，用户可以轻松比较不同产品的收益率和风险，根据自身需求和风险偏好做出投资决策。对于有借款需求的用户，数字金融同样提供了便利的解决方案——线上申请贷款，贷款审批过程变得更加高效和透明。

这种即时性和无地域限制的特点不仅极大地提升了用户体验，还促进了金融普惠，使得偏远地区和低收入人群也能享受到高质量的金融服务。数字金融的便捷性还鼓励了金融创新，催生了诸如移动支付和数字货币等新型金融服务，进一步丰富了金融市场的多样性。数字金融不仅改变了人们管理财务的方式，也推动了整个金融行业的转型和升级，开创了一个更加开放、包容和高效的金融新时代。

### 3. 成本效益

数字金融的兴起，标志着金融服务行业进入一个全新的时代，其中一个显著的特点就是对实体基础设施依赖的大幅减少，这主要体现在对传统银行分行和自动柜员机的替代上。随着移动互联网和数字技术的普及，越来越多的金融服务转移到线上，用户可以通过智能手机、电脑或其他联网设备随时随地办理银行业务，不再需要亲临实体网点。这种转变不仅极大地便利了用户，也显著降低了金融机构的运营成本。

实体基础设施的维护和管理，如租金、设备折旧、安保费用等，是传统银行成本结构中的一大负担。当金融服务转向数字平台，这些固定成本便大幅度减少。例如，建设、运营和维护一个银行分行需要投入大量资金，而建立和维护一个数字服务平台，虽然初期可能需要较大的技术投资，但长期来看，其边际成本相对较低，尤其是在处理大量交易的情况下，其成本效益优势更为明显。

此外，自动化流程在数字金融中的广泛应用，进一步削减了人力成本。从前台的客户服务到后台的运营管理，许多重复性高、标准化的工作，如账户开立、转账、支付、贷款审批等，都可以通过算法和软件自动完成。这不仅降低了因人工操作而产生的错误率，还大大减少了对员工数量的需求，从而实现了成本的有效控制。

数字金融服务成本的降低，特别是小额交易和微金融服务的成本，对于促进金融普惠具有重要意义。在过去，由于成本问题，传统金融机构往往不愿意为小额存款或贷款提供服务，因为相对于大额交易，小额交易的单位成本更高。但数字金融的低成本特性改变了这一局面，即使是小至几元的交易，也可以通过数字平台高效处理，这使得边远地区和低收入群体也能享受到便捷的金融服务，推动了金融包容性的发展。

综上所述，数字金融通过减少对实体基础设施的依赖和自动化流程的实施，有效地降低了运营成本，这不仅使金融机构能够以更低的价格向消费者提供服务，还特别有利于小额交易和微金融服务的普及，为更多人打开了金融服务的大门，体现了数字金融的普惠价值。

### 4. 普惠金融

数字金融的普及与发展，为传统金融服务难以触及的群体，尤其是农村居民和低收入人群，开辟了一条崭新的金融服务通道。在以往，由于地理偏远、信息不对称、基础设施缺乏等原因，这些群体往往被排除在正规金融体系之外，无法享受到基本的金融服务，如储蓄、信贷和保险等。然而，数字金融的出现，借助于移动通信技术和互联网的普及，从根本上改变了这一局面。

手机银行和数字钱包成了连接这些"金融盲区"与现代金融体系的桥梁。在许多发展中国家，手机拥有率高于银行账户持有率。即便是在偏远地区，人们也能通过智能手机接入金融服务，可以开设账户、存取款、转账、支付账单等，无需亲临银行网点。

数字钱包，作为一种轻便、安全的电子支付工具，允许用户存储电子货币，进行即时交易，在没有网络连接的情况下，可通过近场通信（NFC）技术完成支付，这对于经常处于网络信号不佳地区的居民来说尤其重要。此外，数字钱包通常与多种支付方式兼容，如银行卡、信用卡、现金充值等，为用户提供了多样化的支付选择。

更重要的是，数字金融还为农村居民和低收入人群提供了获取信贷和保险服务的途径。传统的信贷评估往往依赖于复杂的信用评分系统和抵押物，而这对于缺乏正式信用记录或财产证明的群体来说是难以跨越的门槛。数字金融通过大数据分析，能够基于用户的交易历史、社交媒体活动等非传统数据源进行信用评估，使得信贷服务更加包容和公平。同样，数字保险产品，如小额保险，可以便捷地为农村居民提供针对自然灾害、疾病等风险的保障，缓解因突发事件造成的经济压力。

通过这些方式，数字金融不仅增强了金融服务的可得性和便捷性，还为农村居民和低收入人群创造了更多经济参与和发展的机会，帮助他们改善经济状况，提升生活质量。数字金融的这一作用，对于推动全球金融包容性、减少贫困和促进经济发展具有不可估量的价值。

### 5. 风险与合规

数字金融的迅猛发展为全球金融市场注入活力，但也带来数据安全和隐私保护方面的问题。随着越来越多的个人和企业将其财务信息存储于云端，金融交易通过互联网和移动网络进行，数据安全已成为数字金融生态系统中最紧迫的议题之一。

黑客攻击、数据泄露和身份盗窃是数字金融时代最为突出的安全威胁。网络犯罪分子利用各种技术手段，企图窃取敏感的金融信息，包括银行账号、密码、信用卡详情等。这些信息一旦落入不法分子手中，可能导致巨额损失，破坏用户信任，甚至对整个金融系统的稳定性造成威胁。

此外，跨境支付和数字货币等创新服务的兴起，虽然极大地便利了国际资金流动，但也为洗钱、恐怖融资和其他非法金融活动提供了新的温床。传统的监管手段在面对无国界的数字交易时显得力不从心，因此，构建一个全球性的监管框架，确保数字金融活动的透明度和合法性，已成为国际社会的共同责任。

数字金融行业必须建立强大的安全措施和合规体系。比如，运用加密技术保护数据安全，包括对用户数据进行端到端加密，确保在传输过程中不被截获；运用多因素认证和生物识别技术提高账户的安全性，防止未经授权的访问；运用持续的监控和先进的威胁检测系统及时发现、响应安全事件。

在合规层面，金融机构和相关企业需要确保用户数据的收集、处理和存储符合相关法规要求。同时，与监管机构合作，建立跨境监管协作机制，加强对数字货币交易的监控，预防和打击非法金融活动。

数字金融的发展与数据安全、隐私保护及合规监管是相辅相成的。只有在确保用户信息安全、防范金融犯罪的基础上，数字金融才能持续健康发展，为用户提供更加安全、便捷、高效的金融服务。这要求行业参与者、监管机构和技术开发者共同努力，不断升级安全措施，完善法律法规，共同营造一个健康、稳定的数字金融环境。

### 6. 创新与变革

数字金融的兴起不仅仅是对传统金融服务交付方式的简单迭代，它实际上正引发一场深刻的金融生态系统变革，推动整个行业向着更加高效、透明和包容的方向发展。在这个过程中，新兴的金融模式和技术正在逐步重塑金融服务的价值链，迫使传统金融机构重新审视自身的角色和战略，以适应日益激烈的竞争环境。

区块链技术，作为数字金融使用的一项核心技术，正逐渐展现出其在资产交易和结算流程中的巨大潜力。区块链的分布式账本特性，能够提供不可篡改的交易记录，增强交易的透明度和可信度。同时智能合约的应用可以自动执行交易条款，无需第三方中介，显著降低了交易成本和时间。在资产交易领域，区块链技术能够实现资产的代币化，使得资产分割和转让变得更加容易，扩大了投资者基础，提高了市场的流动性。而在结算流程中，区块链可以实现即时清算和结算，大大缩短了交易周期，降低了结算风险。

这些创新正在重新定义金融服务的价值链，促使传统金融机构必须拥抱变革，寻求转型升级。银行和其他金融机构开始探索与金融科技公司合作，引入新技术，优化内部流程，提升客户体验，以保持竞争力。同时，它们也在积极开发自己的数字金融产品和服务，如移动银行、在线投资平台等，以更好地满足数字化时代客户的需求。

# 二、全球数字金融发展脉络

数字金融的全球演变是一个复杂且多层次的过程，涉及技术进步、市场创新、监管调整以及国际合作等多个方面。

## （一）早期互联网金融

随着 20 世纪末互联网技术的迅猛发展，金融服务领域迎来一次革命性的变迁，首批在线银行和投资平台应运而生，这标志着金融行业从传统实体服务向线上迁移的重要转折。互联网的普及虽然尚处于初级阶段，网络速度和安全性也远不及今日，但这些先驱性的在线金融服务平台已经开始尝试利用网络的便捷性，开设远程银行并提供新的投资解决方案。

最初，这些在线银行和投资平台的功能相对基础，主要集中在账户管理、转账、存款和一些简单的在线投资服务上。用户可以通过互联网进行账户余额查询、转账至其他账户、设定自动存款计划，以及进行一些基本的在线投资操作，如购买债券或基金。这些看似简单的功能在当时却具有划时代的意义，它们打破了时间和地点的限制，使金融服务变得触手可及，用户无需亲自前往银行网点，就能完成大部分常规的金融交易。

技术的局限性在早期确实制约了在线金融服务的体验和范围。慢速的网络连接、过长的网页加载时间、有限的加密技术以及用户对网络安全的担忧，都是当时面临的实际问题。然而，正是这些早期的尝试和挑战，为后续的金融创新奠定了坚实的基础。它们促使技术不断进步，推动了更高级的加密标准、更快速的网络协议和更人性化的用户界面设计的发展。

随着时间的推移，这些基础的在线银行和投资平台逐渐演变为功能更为全面、用户体验更为优越的数字金融服务。移动银行应用、智能投顾、数字货币等新兴服务层出不穷，不仅极大地丰富了金融服务的种类，也提高了金融服务的效率和便捷性。如今，我们正处在一个高度数字化的金融时代，而这一切的起点，正是那些勇于探索未知领域的首批在线银行和投资平台，它们以创新的姿态，引领了金融服务向线上迁移的历史潮流。

## （二）移动互联网时代

随着 21 世纪初智能手机的广泛普及和移动互联网技术的飞速发展，全球范围内掀起了移动支付和移动银行应用的浪潮，这两者的结合彻底重塑了人们的金融交易习惯，引领了金融服务业的数字化转型。

移动支付工具，如 Apple Pay、Google Wallet（现更名为 Google Pay），以及中国的支付宝和微信支付，成为这一变革的先锋。这些应用充分利用了智能手机的便携性和互联网的即时性，使得消费者仅需通过手机轻轻一触或扫一扫二维码，就能完成支付。这种支付方式不仅极大地提高了交易的速度和效率，减少了对现金和物理信用卡的依赖，还通过集成的加密技术和安全协议，提供了比传统支付方式更高的安全保障。

与此同时，移动银行应用的兴起，让金融服务摆脱了物理网点的束缚，实现了真正的"随时随地"。用户可以利用这些应用进行账户管理，包括查看余额、转账、支付账单、申请贷款、投资理财等，所有操作都可以在手机屏幕上轻松完成。这种便捷性不仅满足了快节奏生活中人们对即时服务的需求，还促进了金融普惠，让更多偏远地区和传统金融服务覆盖不到的人群，能够享受到同等的金融便利。

移动银行应用还常常融入个性化和智能化的服务，如通过大数据分析提供定制化的理财建议，或者利用人工智能技术进行智能客服，解答用户的疑问。这些功能进一步增强了用户体验，使财务管理变得更加个性化和高效。

总之，移动支付和移动银行应用的普及，不仅改变了消费者的支付习惯，让日常交易变得前所未有的便捷，还推动了整个金融行业的现代化进程，促进了金融服务的创新和普及。在这个过程中，智能手机和移动互联网成为金融交易的中心舞台，而用户则成了这场变革的最大受益者。

## （三）金融科技爆发

近年来，金融科技行业的爆发性增长已经成为全球金融领域内一道亮丽的风景线。无数创新型企业犹如雨后春笋般涌现，它们凭借人工智能、大数据分析、区块链等技术，对传统金融服务进行深度改造和创新，推动了金融行业的全面升级。

人工智能在金融科技中的应用尤为广泛且深刻。在信用评估领域，AI 通过分析个人和企业的历史交易数据、社交网络行为，甚至地理位置信息，构建复杂的算法模型，能够更准确、快速地评估借款人的信用风险，从而优化贷款审批流程，提高放贷效率。智能投顾则是 AI 技术的另一大亮点，通过机器学习和深度学习算法，智能投顾系统可以理解和预测市场动态，为投资者提供个性化的投资组合建议，同时监控市场变化，实时调整策略，以期获得最佳回报。此外，AI 在反欺诈系统中的应用，通过实时分析交易模式和行为特征，能够有效识别可疑交易，预防金融犯罪，保护用户资金安全。

大数据分析则为金融机构提供了前所未有的洞察力。通过对海量数据的收集和分析，金融机构能够深入了解客户的行为模式、消费习惯和偏好，进而提供更加精准的个性化服务。大数据分析不仅可以优化客户体验，提高客户满意度，还能帮助企业发现新的市场机会，创新产品和服务，从而在竞争中占据有利地位。

区块链技术正在重塑金融服务的基础设施。在支付和结算领域，区块链的去中心化特性显著提高了交易的透明度和效率，减少了中间环节，降低了成本。智能合约的应用更是让自动化执行合同条款成为可能，无需第三方介入，即可确保交易的公正性和执行力，极大地简化了金融交易流程。此外，区块链技术还在供应链金融、资产管理、保险理赔等多个场景中展现出巨大潜力，有望成为未来金融体系的关键支柱。

综上所述，金融科技公司通过融合 AI、大数据分析和区块链等技术，不仅革新了金融服务的多个领域，还推动了整个金融行业的数字化转型。这些创新不仅提升了金融服务的效率和安全性，还为用户带来了更加个性化、便捷的体验，展现了金融科技在推动金融普惠和促进经济增长方面的强大动力。

## （四）监管与合规

移动支付、数字货币等数字金融领域的创新，为全球金融市场带来了活力，也对传统监管框架构成了挑战。为了在促进金融科技创新与保护消费者利益、维护金融稳定之间找到平衡，世界各国的监管机构制定或修订了一系列法规，以适应数字金融时代的新需求。

欧盟《通用数据保护条例》于 2018 年正式实施，是一个里程碑式的立法，旨在加强个人数据的保护，为数字时代的信息安全树立了高标准。《通用数据保护条例》要求企业必须以透明的方式处理个人数据，并赋予了欧盟公民对其个人数据更多的控制权，包括访问、更正和删除的权利。这一法规不仅适用于欧盟境内的企业，也对在欧盟以外收集和处理欧盟公民数据的公司产生了约束力，从而在全球范围内产生了深远的影响。

另一项重要的欧洲法规是《支付服务指令》（第二版）于 2018 年正式生效，旨在促进银行数据的开放，鼓励第三方服务提供商与银行共享数据，以开发新的金融服务，如聚合账户信息和发起支付的服务。这不仅促进了"开放银行"概念的普及，还增加了市场竞争，提高了金融服务的创新性和消费者的选择性。

面对数字金融的创新，许多国家和地区还采取了更具前瞻性的监管策略，即设立所谓的"监管沙盒"。监管沙盒允许金融科技企业在受控的环境中测试新产品和服务，而无需立即遵守所有现行的监管规则。这一机制为创新提供了试验田，有助于评估新业务模式的风险与收益，同时也为监管机构提供了观察和学习的机会，以便适时调整法规，确保既能鼓励创新，又能有效管理风险。

## （五）全球化与合作

数字金融的全球化进程正以前所未有的速度推进，这一趋势显著地体现在跨境支付解决方案的创新与应用上。随着全球贸易和电子商务的蓬勃发展，传统支付体系的局限性日益凸显，而诸如 PayerMax 等新兴的跨境支付平台，通过提供高效、安全且成本效益高的支付解决方案，成功地弥合了不同国家和地区之间的"支付鸿沟"。这些平台不仅支持多种货币的即时兑换，还优化了支付流程，减少了跨境交易中的摩擦，为商家和消费者创造了无缝的购物体验，极大地促进了国际贸易和电子商务的繁荣。

国际金融科技合作的深化，是推动全球数字金融互联互通的另一关键因素。跨国公司与初创企业之间形成了广泛的合作伙伴关系，共享资源、技术和专业知识，共同开发适应全球市场需求的金融产品和服务。这种合作不仅加速了技术创新的步伐，还促进了最佳实践的传播，有助于构建一个更加统一、兼容的全球数字金融市场。通过共享客户洞察、风险管理策略和合规经验，金融科技企业能够更好地应对跨区域扩张的挑战，实现规模经济和范围经济。

随着数字金融的边界不断扩展，全球性的监管对话和标准制定变得尤为重要。各国政府和监管机构正积极寻求建立一个多边合作框架，以应对由数字金融带来的复杂挑战，包括数据主权、税收、法律管辖权以及消费者保护等问题。数据主权涉及个人信息的跨境流动和存储，需要在保护数据安全和促进数据自由流通之间找到平衡。税收问题则因数字企业的运营模式而复杂化，需要制定公平合理的税收政策，避免双重征税或避税漏洞。法律管辖权的确定对于跨国纠纷的解决至关重要。消费者保护则要求在不同国家的法律体系下，确保全球用户享有同等的权益保障。

为了应对这些挑战，国际组织、各国政府和行业代表正在加强沟通与协作，推动建立一套全球公认的数字金融监管标准和最佳实践。这包括促进数据隐私保护法规的协调一致、制定跨境支付的通用准则，以及创建统一的金融科技监管沙盒，以测试和验证创新解决方案的可行性和合规性。这些举措能够推动构建一个既鼓励创新又维护金融稳定和消费者信任的全球数字金融生态，确保数字金融的健康发展，惠及全球各地的用户和企业。

总体而言，数字金融的发展是一个动态过程，涉及技术、市场、政策和国际合作的不断互动。未来，随着5G、物联网、量子计算等新技术的应用，数字金融将继续进化，为全球经济和社会带来深远的影响。

# 三、中国数字金融崛起之路

中国数字金融的快速发展始于 20 世纪末，特别是在 2010 年以后，阿里巴巴的支付宝和腾讯的微信支付引发移动支付革命。

## （一）基础设施建设

自 20 世纪 90 年代末起，中国政府敏锐地认识到信息通信技术在推动经济社会发展中的关键作用，因而采取了一系列战略性举措，大力投资于信息基础设施建设。这一系列行动在进入 21 世纪后尤为明显，随着宽带互联网的广泛部署和 4G，随后是 5G 移动网络的推出，中国的信息技术基础设施达到了前所未有的水平，为数字金融的兴起和繁荣奠定了坚实的硬件基础。

宽带互联网的普及，极大地提升了数据传输速度和网络稳定性，使得高带宽、低延迟的在线服务成为可能。这不仅促进了互联网金融平台的兴起，如在线银行服务、网络借贷平台和财富管理应用，还为移动支付的广泛应用创造了条件。支付宝、微信支付等移动支付工具的普及，得益于高速互联网的支持，能够实现实时交易确认和即时资金转移，极大地方便了民众的日常生活，推动了电子商务和新零售业态的发展。4G 网络的部署，进一步加速了移动互联网的普及，使得智能手机成为连接世界的窗口。移动设备上的金融应用因此得以蓬勃发展,用户可以随时随地进行账户管理、转账、投资和贷款等金融活动,不受地域限制。而5G网络的到来,则预示着更高层次的连接能力和更广阔的应用前景,为虚拟现实、增强现实和物联网等前沿技术在金融领域的应用铺平了道路,有望开启新一轮的金融创新浪潮。

中国政府在信息基础设施建设上的持续投入,不仅为数字金融的兴起提供了肥沃的土壤,还推动了整个社会的数字化转型。随着基础设施的不断完善,数字金融服务得以渗透至社会的每一个角落,从繁华都市到偏远乡村,无论是小微企业还是普通消费者,都能享受到便捷、高效、低成本的金融服务,极大地促进了金融普惠和社会经济的全面发展。

## (二)政策支持与监管

中国政府及监管机构在处理金融科技的快速发展与维持金融市场稳定之间展现了一种平衡的艺术。自改革开放以来,中国法治建设和行政体制改革的深化推动了行政监督体系的建设,这一背景为中国金融市场的稳健发展提供了制度保障。监管机构在鼓励创新与确保市场稳定方面采取了一系列综合措施,体现了其前瞻性的监管策略。

一方面,监管机构认识到科技在提升金融服务效率、拓展服务范围以及促进金融普惠方面的重要作用,积极支持金融科技公司的发展,并给予政策层面的倾斜,如提供税收优惠、资金扶持和放宽市场准入门槛,为金融科技企业营造了一个有利于成长的环境。同时,监管机构通过举办论坛、研讨会等形式，与业界保持密切沟通，了解行业动态，为政策制定提供依据，确保政策的科学性和有效性。

另一方面，为了防范金融科技可能带来的系统性风险，保护消费者权益，监管机构加强了对数字金融市场的监管。例如，针对移动支付、互联网借贷、众筹等新兴金融业态，监管部门制定了相应的法规，明确了业务边界，设定了风控标准，要求企业建立健全内部风险管理体系。此外，还强化了对数据安全和个人隐私的保护，要求金融科技公司在收集、使用和分享用户数据时遵循严格的规定，保障用户信息安全。

沙盒监管机制的引入是中国金融监管的一大创新。沙盒监管允许金融科技企业在一个受控的环境下测试其创新产品和服务，而不会立即受到全面的监管约束。这种机制既为创新提供了试验空间，又确保了金融稳定和消费者保护。通过沙盒测试，监管机构可以评估创新产品的潜在风险，适时调整监管政策，而企业则有机会在真实市场条件下验证其商业模式，及时调整策略，最终促进行业的健康、有序发展。

综上所述，中国政府和监管机构通过制定支持性政策、强化市场监管以及引入沙盒监管机制，既激发了金融科技的创新活力，又有效控制了潜在风险，为金融科技行业的长期稳定发展奠定了坚实的基础。这种平衡策略不仅促进了中国金融科技的全球领先地位，也为其他国家和地区提供了宝贵的监管经验和借鉴。

## （三）市场需求驱动

随着经济的发展，中国作为一个拥有庞大人口的国家，对金融服务的需求呈现爆炸性的增长。这一需求不仅仅局限于城市，而是遍布全国，包括农村和偏远地区，这些地区的居民同样渴望获得便捷、高效且可负担的金融服务。

传统金融服务在覆盖广度和深度上存在不足，尤其是在农村和偏远地区，这些地区往往因为物理网点的缺乏、服务成本高昂以及信息技术的落后，导致金融服务可获取性低。例如，传统银行的营业网点通常集中于大城市和发达地区，这使得广大农村地区的居民难以享受到基本的银行服务，如存款、贷款和汇款等。此外，传统金融体系中的信贷评估流程烦琐，对于小微企业和个人经营者而言，获得贷款的门槛较高，这限制了他们的发展潜力。

在这样的背景下，数字金融的出现填补了传统金融服务的空白。数字金融服务的普及，尤其是移动支付，极大地满足了消费者对即时金融服务的需求。它打破了时间和空间的限制，使得金融服务触手可及。对于农村和偏远地区的居民而言，移动支付的普及意味着他们不再受限于地理障碍，可以像城市居民一样享受便捷的金融服务。这不仅提升了他们的生活质量，还促进了当地经济的发展，资金流转变得更加顺畅，商业活动也因此而活跃。

此外，数字金融还通过数据分析和算法优化了信贷评估过程，降低了贷款门槛，使更多的人能够获得贷款，尤其是那些在传统金融体系中难以被评估的群体，如小微企业主和农民。这种普惠金融服务的提供，有助于缩小城乡差距，推动整个社会的均衡发展。

综上所述，中国庞大的人口基数以及传统金融服务的局限性，共同催生了对数字金融服务的巨大需求。移动支付的普及，尤其是支付宝和微信支付的成功，不仅满足了这一需求，还推动了数字金融的广泛应用，促进了经济的包容性增长。

## （四）国际影响力与合作

中国的数字金融企业，以其创新的业务模式和技术实力，正在逐步扩大其全球影响力，积极参与国际金融市场。蚂蚁集团、腾讯金融、京东数科等领军企业，不仅在国内市场占据主导地位，更通过技术输出、战略合作与直接投资等方式，将视野投向了更广阔的国际舞台，寻求与全球伙伴的合作机会，共同探索数字金融的新边界。

蚂蚁集团，作为阿里巴巴集团的关联公司，其支付宝服务已成为全球最大的移动支付平台之一。蚂蚁集团通过与海外金融机构和支付服务商合作，将其成熟的技术和经验带到全球市场，特别是在东南亚、南亚和非洲等地，帮助当地企业建立或升级数字支付基础设施，推动了移动支付在当地的应用和普及。

腾讯金融，依托微信支付的强大生态系统，也在全球范围内寻找合作伙伴，特别是在旅游热点国家和地区，为出境的中国游客提供无缝的支付体验。此外，腾讯还通过投资海外金融科技公司，布局全球市场，促进跨境支付、电子钱包和其他数字金融服务的互联互通。

京东数科，虽然起步稍晚，但凭借其在供应链金融和智能科技方面的专长，同样在国际舞台上崭露头角。通过为企业提供定制化的数字解决方案，京东数科助力海外企业提升运营效率，优化客户体验，其在人工智能、大数据分析等领域的技术输出，正逐步赢得国际市场的认可。

　　中国数字金融企业的成功经验，特别是移动支付的普及模式，已经吸引了全球范围内的广泛关注。这一模式证明了数字金融在促进普惠金融、提升经济效率方面的巨大潜力，促使其他国家和地区加快数字金融基础设施的建设，借鉴中国经验，推动本地化创新。

　　更重要的是，中国标准和模式在国际上产生的影响，已经开始推动全球数字金融标准的制定。国际组织和多边机构正与中国企业紧密合作，探索建立统一的监管框架和标准，以促进跨境支付的互操作性，保护消费者权益，同时防范系统性风险，确保全球金融市场的稳定与安全。

　　总体而言，中国数字金融企业正通过技术引领、市场开拓和国际合作，积极参与塑造全球数字金融的未来。它们不仅输出了创新的商业模式和技术，还在全球数字金融治理中发挥了积极作用，推动全球金融体系向着更加开放、包容和高效的方向发展。

第二章

数字经济与金融创新

# 一、数字经济的基础概念

数字经济是指以数字技术和数据为核心要素的经济形态，它利用现代信息网络和信息通信技术来推动经济活动的数字化转型。

## （一）数字产业化

这一概念的核心在于强调信息通信行业自身的成长与发展，以及由此衍生出的新业态、新模式。它着重于信息通信技术行业作为数字经济的基石和引擎的角色，涵盖了从软件开发到云计算服务，再到人工智能、大数据分析等一系列高新技术领域的创新与商业化进程。

具体而言，数字产业化首先指的是软件开发行业，这是信息通信领域中最直观的表现形式之一。软件开发不仅包括操作系统、应用程序的编写，还包括基于互联网的各种服务和平台的构建，如电子商务网站、社交网络、在线教育平台等，这些都依赖于软件开发来实现其功能和服务。

云计算服务通过互联网提供计算资源、存储空间和应用程序，使企业和个人无需拥有实体服务器或强大的计算设备就能享受高性能的计算能力。云计算降低了 IT 基础设施的门槛，促进了各类数字服务的创新与扩展。

人工智能作为数字产业化的重要驱动力，正日益融入各行各业，从自动驾驶到语音识别，从机器翻译到医疗诊断，AI 技术的应用极大地提高了生产效率，改善了服务质量，同时催生了新的商业模式和就业机会。

大数据分析用于在海量数据中挖掘有价值信息，能够帮助企业更好地理解市场趋势、消费者行为和内部运营状况，为决策提供数据支持，从而优化业务流程，提高决策的精准度和效率。

数字产业化不仅关乎信息通信行业的自我革新与扩张，更在于其如何通过云计算、人工智能和大数据等核心技术，持续推动经济结构的优化升级，催生新的经济增长点，促进社会整体的数字化转型。在这个过程中，数字产业化不仅改变了传统的生产方式和商业模式，也深刻影响了人们的生活方式和社会交往模式，成为推动全球经济发展的关键力量。

## （二）产业数字化

传统行业通过采用数字技术进行改造和升级，如制造业中的智能工厂、零售业的电商平台、医疗行业的远程诊疗等。

产业数字化是一个深刻变革过程，它涉及传统行业在数字技术的驱动下，对其业务流程、产品服务和商业模式进行全面的改造和升级。这一转型的核心在于利用云计算、大数据、物联网、人工智能等新一代信息技术，对产业链上下游的全要素进行数字化升级，从而实现更高效的生产、更精准的服务和更智能的决策。

在制造业中，产业数字化的典型表现是智能工厂的兴起。通过部署物联网传感器和自动化设备，制造商能够实时监控生产线状态，收集大量数据，进而分析和优化生产流程，提高生产效率和产品质量。同时，借助人工智能和机器学习，企业可以实现预测性维护，减少停机时间，以及通过智能供应链管理，实现库存优化和快速响应市场需求变化。

零售业的电商平台是产业数字化的另一显著例证。传统零售商通过建立或利用第三方电商平台，不仅拓宽了销售渠道，还能收集消费者行为数据，进行精准营销，提供个性化的购物体验。此外，物流和配送系统通过数字化改造，实现了订单处理的自动化和配送路线的优化，大大提升了物流效率和顾客满意度。

医疗行业也在经历数字化转型，远程诊疗成为其中的一个亮点。借助视频会议和医疗物联网设备，医生能够远程监测患者的健康状况，进行初步诊断，甚至进行远程手术。这不仅在一定程度上解决了医疗资源分布不均的问题，还为患者提供了更加便捷和及时的医疗服务。同时，医疗数据的数字化也促进了个性化治疗方案的开发和疾病研究的进展。

总之，产业数字化不仅是技术的应用，更代表着传统行业在数字经济时代下的战略转型。它通过融合数字技术与行业知识，实现了生产方式的智能化、服务模式的个性化和决策过程的智能化，为传统行业带来了前所未有的发展机遇和竞争力。这一转型不仅提升了行业的效率和创新能力，也推动了社会经济结构的优化升级，为构建更加智慧、绿色和可持续的未来奠定了基础。

## （三）数字化治理

数字化治理标志着政府和公共服务部门在新时代的转型，其核心是利用数字技术来改进治理效率、提升服务质量和透明度，以及增强公民参与度。这一概念体现了现代政府对科技的深度整合，旨在创建更加智能、响应迅速且以公民为中心的公共服务体系。

在数字化治理的框架下，电子政务成为推进政府运作现代化的关键路径。通过搭建一体化的在线服务平台，政府能够实现信息资源的共享，简化行政程序，缩短业务办理周期。公民和企业可以在线提交申请、查询进度、支付费用，甚至参与政策讨论，减少了面对面接触的必要性，极大地提升了便利性和效率。例如，电子税务系统允许纳税人在线申报和缴纳税款，而电子身份认证系统则确保了线上交易的安全性。

智慧城市项目是数字化治理的另一个重要体现，它利用物联网、大数据、人工智能等技术，优化城市基础设施和公共服务的管理。智慧城市能够实时监测交通流量、空气质量、能源消耗等关键指标，通过数据分析预测和预防潜在问题，实现资源的精细化管理和环境的可持续发展。市民可以通过移动应用获取实时公交信息、预约医疗服务、报告城市问题，享受更加个性化和便捷的城市生活。

数字化治理还能有效促进政府透明度提升与问责机制完善。公开的数据门户允许公众访问政府预算、公共开支、政策文件等信息，促进政府决策的公开透明，增强民众对政府的信任。同时，数据驱动的决策机制使得政策制定更加科学合理，反馈机制的建立则确保了公民

意见能够在政策形成过程中得到充分考虑。

总而言之，数字化治理是政府适应数字时代变革的必然选择，它通过技术赋能，推动公共服务的现代化，构建更加高效、透明和公民友好的政府形象。这一转型不仅提升了国家治理能力和公共服务水平，还促进了社会的全面数字化转型，为构建智慧社会奠定坚实的基础。

## （四）数据价值化

数据作为一种资产，其收集、分析和利用会对经济活动产生重大影响，如数据确权、数据交易市场等。数据价值化是指将数据视为一种具有经济价值的资产，并通过对数据的收集、分析和利用来创造商业价值和社会效益的过程。在数字经济时代，数据已经成为驱动创新、优化决策和提升效率的关键要素，其重要性不亚于传统意义上的物质资本和人力资源。

数据确权是数据价值化的重要前提，涉及数据的所有权、使用权和收益权的界定。随着数据量的激增和数据应用场景的多样化，明确数据的归属关系变得尤为关键。数据确权不仅保障了数据主体的合法权益，防止了数据滥用和泄露，还为数据交易和流通提供了法律基础，促进了数据市场的健康发展。

数据交易市场是数据价值化的重要环节，它为数据的买卖双方提供了一个合法、透明的交易平台。在这里，数据被视为商品，根据其质量、稀缺性和应用场景的不同，被赋予不同的价格。数据交易市场的繁荣有助于数据资源的有效配置，激发数据的创新应用，同时也能激励数据生产者和持有者更加积极地收集和整理数据，进一步丰富数据资源。

数据的分析和利用是数据价值化的直接体现。通过大数据分析和人工智能技术，企业能够从海量数据中挖掘出有价值的洞察，指导产品设计、市场营销、客户服务等各个环节的优化。政府部门也能借助数据分析来提升政策制定的精准度，增强社会治理的效能。此外，个人用户在授权的情况下，也可以通过数据共享获得更加个性化和优质的服务。

然而，数据价值化的过程中也面临着隐私保护、数据安全和伦理道德等方面的挑战。因此，建立健全数据治理体系，平衡数据利用与个人隐私保护的关系，确保数据使用的正当性和安全性，是实现数据价值化的必要条件。

总的来说，数据价值化不仅是数字经济发展的核心驱动力，也是推动社会智能化转型的关键所在。通过完善的数据确权制度、活跃的数据交易市场和先进的数据处理技术，数据的经济价值和社会价值得以最大化，为经济活动带来深远的影响。

# 二、科技驱动的金融创新案例

数字时代，科技正以雷霆万钧之势席卷金融领域，催生出一系列令人瞩目的创新变革。移动支付让交易摆脱了时空束缚，让便捷服务触手可及；区块链技术以其不可篡改的特性，为金融安全筑牢坚实壁垒；人工智能凭借强大的学习与分析能力，精准预测市场动态；大数据分析深度挖掘海量数据，为决策提供有力支撑；开放银行打破传统边界，促进金融服务的融合与拓展。这些科技力量相互交织，共同勾勒出金融创新的宏伟蓝图，彻底改写金融行业的底层逻辑，引领我们步入一个全新的金融时代。

## （一）移动支付

移动支付作为一种革命性的支付方式，彻底颠覆了传统的支付手段，尤其是在中国，支付宝和微信支付为用户提供了一种即时、便捷、安全的支付体验，极大地改变了人们的消费习惯和生活方式。

支付宝，由蚂蚁集团运营，最初是为了解决淘宝网上的交易信任问题而诞生。它通过提供一个中介账户，确保了买家和卖家之间的资金安全流转。随着时间的推移，支付宝的功能不断拓展，不仅支持线上购物支付，还涵盖了线下零售、餐饮、交通出行、公共服务缴费等多个领域。用户只需扫一扫二维码，即可完成支付，这种简单快捷的支付方式迅速赢得了广大用户的青睐。

微信支付，则依托于中国最受欢迎的社交媒体平台——微信，将社交与支付功能完美结合。微信支付允许用户在聊天界面直接完成转账、支付，甚至是红包发送，极大地增强了社交互动的便利性。无论是日常购物、朋友聚会 AA 制结算，还是缴纳水电费，微信支付都能轻松应对，成了许多中国人的首选支付工具。

移动支付的普及，不仅简化了支付流程，提高了支付效率，还促进了电子商务、共享经济、O2O 服务等行业的发展。它打破了时间和空间的限制，使得支付随时随地都可进行，极大地方便了人们的日常生活。同时，移动支付的广泛应用也推动了金融科技创新，提升了金融包容性，让更多人尤其是偏远地区的居民能够享受到便捷的金融服务。

此外，移动支付还促进了无现金社会的构建，减少了物理货币的使用，降低了交易成本，提高了资金流通速度，对整个社会经济体系产生了深远的影响。随着 5G、物联网等新技术的推广，移动支付的未来还将更加智能化、个性化，继续改变人们对支付方式的认知。

## （二）区块链技术

区块链技术，作为一种革命性的分布式账本技术，其核心特征在于提供了一种去中心化的信任机制，即在没有单一权威机构的情况下，确保交易的安全性和数据的不可篡改性。这一特性使得区块链在多个领域展现出巨大的应用潜力，尤其在数字货币、跨境支付、供应链金融等金融及相关行业中，正逐步改变着传统的运作模式。

在数字货币领域，比特币作为区块链技术的第一个成功应用，展示了去中心化货币系统的可能性。比特币的交易记录被保存在一个公共的、分散的数据库中，每个参与者都可以查看，但无法单方面修改，这种透明性和安全性是传统银行系统所不具备的。此外，比特币交易的确认和清算速度通常快于传统银行转账，且不受国界限制，为全球范围内的资金流动提供了新途径。

跨境支付方面，区块链技术能够显著提高支付效率并降低交易成本。传统跨境支付往往需要经过多个中间银行，手续烦琐且耗时较长。而基于区块链的支付系统，如 Ripple 等，可以实现实时结算，大大减少了等待时间，同时由于去除了中间环节，交易费用也显著降低。这种效率和成本优势对于频繁进行跨境交易的企业和个人来说，具有极大的吸引力。

供应链金融是区块链技术另一个大放异彩的领域。供应链中的信息流和资金流复杂，涉及众多参与者，信息不对称和信任缺失是常见问题。区块链通过提供一个透明、可追溯的交易记录平台，使供应链上的每一笔交易和货物流转都变得清晰可见，有效减少了欺诈风险，增强了供应链的透明度。此外，智能合约的应用还可以实现自动化的信用评估和贷款发放，进一步提高了供应链金融的效率和可靠性。

总之，区块链技术通过其独特的去中心化特性，为金融和相关行业带来了前所未有的透明度、效率和安全性。随着技术的不断成熟和应用场景的扩展，区块链有望在更多领域发挥其潜力，推动全球经济体系向着更加公平、高效和包容的方向发展。

## （三）人工智能

人工智能（AI）在金融领域的应用正以前所未有的速度改变着行业面貌，从信用评分到智能投资顾问，从自动化交易到风险管理，再到反欺诈措施，AI 技术正逐步渗透到金融的每个角落，极大地提高了决策的速度和准确性，同时为金融机构和消费者带来了前所未有的效率和体验。

在信用评分方面，AI 通过深度学习和大数据分析，能够处理和解析大量的非结构化数据，如社交媒体活动、在线购物行为、地理位置信息等，这些传统信贷模型难以触及的信息源，为评估个人和企业的信用状况提供了全新的维度。AI 模型可以识别复杂的模式和关联，更准确地预测借款人的还款能力和意愿，从而帮助金融机构降低不良贷款率，优化贷款组合。

智能投顾是 AI 在财富管理领域的创新应用。通过机器学习算法，智能投顾能够根据投资者的风险偏好、财务状况和目标，定制个性化的投资组合建议。这些系统可以实时分析市场动态，调整投资策略，为投资者提供持续优化的投资建议，降低了传统投资顾问的成本，使高质量的理财服务更加普及。

自动化交易，或称算法交易，利用 AI 来执行交易策略，以毫秒级的速度捕捉市场机会，同时避免人为情绪对交易决策的影响。AI 模型可以分析海量的历史交易数据，识别市场趋势和模式，执行高频交易，减少滑点损失，提高交易执行效率，为投资者创造额外的价值。

在风险管理中，AI 同样扮演着至关重要的角色。无论是市场风险、信用风险还是操作风险，AI 都能够通过实时监控和异常检测，及时发现潜在的风险因素，帮助金融机构提前预警，制定应对策略，减少损失。AI 还可以通过模拟各种市场情景，进行压力测试，增强金融机构的风险抵御能力。

在反欺诈领域中，AI 通过分析交易模式、识别异常行为，能够快速区分正常交易和可疑交易，减少欺诈事件的发生。利用机器学习技术，AI 系统可以从历史欺诈案例中学习，不断提高识别精度，保护金融机构和消费者的财产安全。

总而言之，AI 在金融领域的广泛应用，不仅提升了金融服务的质量和效率，还为金融机构开辟了新的增长路径，推动了金融行业的创新和发展。随着技术的不断进步，AI 将继续深化其在金融领域的影响力，开创更加智能、安全和普惠的金融未来。

## （四）大数据分析

大数据分析在金融领域的应用，标志着金融机构向数据驱动决策的重大转变。通过收集、整合和分析海量的结构化与非结构化数据，金融机构能够更深入地理解客户行为、提供高度个性化的服务，并显著优化风险管理策略。

在客户行为理解方面，大数据分析使得金融机构能够追踪和分析客户的交易记录、在线活动、社交媒体行为及地理位置信息等多维度数据，从而构建详细的客户画像。通过对这些数据的深度挖掘，金融机构可以识别客户的消费习惯、风险偏好和潜在需求，进而提供更加贴近客户需求的产品和服务，增强客户满意度和忠诚度。

个性化服务是大数据分析带来的又一重要成果。基于对客户行为和偏好的精确理解，金融机构能够提供量身定制的金融服务，包括个性化投资建议、定制化保险产品、定向营销活动等。这种个性化的服务不仅能提高客户体验，还能促进交叉销售和追加销售，增加金融机构的收入来源。

在风险管理方面，大数据分析通过实时监测和分析市场动态、宏观经济指标、客户信用记录等信息，帮助金融机构及时发现潜在的信用风险、市场风险和操作风险。例如，在信贷业务中，大数据分析可以识别出贷款申请者的还款能力及违约概率，从而优化信贷审批流程，减少不良贷款发生。同时，大数据分析能够辅助金融机构进行合规性检查，防范洗钱和恐怖融资等非法活动。这些创新不仅提高了金融服务的效率，也为金融机构创造了新的业务增长点。

总之，大数据分析在金融领域的应用，不仅提升了金融机构的竞争力，还为消费者带来了更加个性化、安全和便捷的金融服务体验。随着技术的不断进步，大数据分析将在金融决策中扮演越来越重要的角色，推动整个行业向更加智能、高效和客户导向的方向发展。

## （五）开放银行

通过应用程序编程接口（API）共享数据，银行可以与第三方服

务商合作，为客户提供更丰富、更定制化的金融服务。

开放银行是一种新兴的银行业务模式，其核心在于通过 API 实现银行与第三方服务商之间的数据共享和功能集成。这一模式打破了传统银行业的封闭生态，允许银行与其生态系统中的其他参与者共同创造价值，为客户提供更为丰富、更具定制化的金融服务。

在开放银行的框架下，银行不再只是提供存贷款、支付结算等基础服务的机构，而是转变为一个平台，这个平台可以接入各种第三方服务提供商，如金融科技公司、零售商、电信运营商等。这些第三方服务提供商可以通过 API 访问银行的客户数据（在得到客户授权的前提下），利用这些数据开发新的金融产品和服务，如智能理财顾问、个性化信贷方案、无缝支付解决方案等。这样一来，银行就能够拓展其服务范围，从单一的金融服务提供商转型为一个综合金融服务平台。

对于客户而言，开放银行意味着他们可以获得更加个性化和便捷的金融服务。例如，客户可以通过一个统一的银行应用程序管理来自不同金融机构的账户，查看所有资产和负债情况，或者在购物时自动比较不同信用卡的优惠条件，选择最优的支付方式。此外，开放银行还可以帮助小微企业更轻松地获取资金，通过分析其交易数据，银行和第三方服务商能更准确地评估其信用状况，提供量身定制的信贷产品。

然而，开放银行也带来了一些挑战，特别是数据隐私和安全问题。银行需要确保客户数据在与第三方共享时的安全性和合规性，防止数据泄露和滥用。因此，实施严格的数据保护措施、建立信任机制以及遵守相关法规标准成为开放银行模式成功的关键因素。

总的来说，开放银行通过 API 的数据共享，促进了银行与第三方服务商之间的合作，不仅增强了银行的竞争力，还为客户带来了更多样化、更贴心的金融服务，推动了金融行业的创新和发展。随着技术的进步和监管环境的完善，开放银行有望在未来成为主流的金融服务模式。

# 第三章

## 数字支付革命

数字支付革命代表着金融交易方式的重大转变，它通过利用互联网、移动通信和数字技术来实现资金的即时传输，极大地改变了我们的日常生活和全球经济运作。

# 一、移动支付与电子钱包

移动支付，作为一种现代金融交易方式，彻底改变了人们对于支付的理解和实践。它是指利用移动设备，来执行金融交易的行为，涵盖的范围广泛，从日常的零售购物支付、公用事业账单的缴纳，到个人间资金的快速转账，乃至在线服务的订购与付费，几乎囊括了生活的方方面面。

移动支付的兴起，首先得益于移动互联网的迅猛发展。随着 3G、4G 乃至 5G 网络的普及，高速稳定的网络连接使得实时交易成为可能，为移动支付的流畅体验提供了坚实的基础设施支撑。同时，智能设备的广泛应用，特别是智能手机的普及，让几乎每个人都能随身携带一个强大的支付工具。智能手机集成了多种传感器和通信技术，如 NFC、蓝牙、Wi-Fi 和蜂窝数据，使得支付过程既便捷又安全。

消费者对便捷支付方式的需求增加，是推动移动支付普及的另一大动力。在快节奏的现代生活中，人们越来越倾向于追求效率和便利，移动支付正好满足了这一需求。它消除了传统支付方式中携带现金、寻找零钱、排队等候的不便，取而代之的是简单的一键支付或扫码支付，极大地节省了时间和精力。此外，移动支付还常常伴随着优惠、积分和奖励机制，进一步吸引消费者使用。

移动支付的背后，是一系列复杂而精密的技术和服务的协同工作。它涉及移动设备制造商、移动网络运营商、金融机构、支付服务提供商以及监管机构等多方参与者。通过构建安全的支付环境，确保交易数据的加密传输，以及提供用户友好的界面和功能，移动支付平台为用户创造了无缝的支付体验。

总之，移动支付的兴起是技术进步、市场需求与政策环境共同作用的结果。它不仅为消费者提供了前所未有的支付便利，也促进了电子商务、数字金融和智慧城市等领域的快速发展，成为推动全球经济一体化和数字化转型的重要力量。随着技术的不断演进和应用场景的拓展，移动支付的未来将更加多元化和个性化，继续深刻影响着我们的生活方式和经济形态。

电子钱包，作为移动支付领域的一项重要创新，已经迅速成为现代消费者日常生活中的必备工具。它实质上是一个数字化的支付平台，通常以应用程序的形式存在，能够安全地存储用户的多种支付信息，包括银行卡、信用卡、积分卡、会员卡、优惠券及预付卡等。电子钱包的出现，不仅极大地简化了支付过程，也改变了人们的支付习惯，使得无需携带实体卡片就能完成交易成为可能。

用户只需在电子钱包应用程序中输入一次其支付工具的详细信息，之后便能在支持电子钱包服务的商家处，通过简单的点击或触摸操作，甚至是使用 NFC 技术，轻松完成支付。这种方式不仅省去了物理卡片的携带和管理，还大大提升了支付的便捷性和速度，特别是在繁忙的商业场合，电子钱包的快速支付能力可以有效减少排队等待时间。

电子钱包的另一个显著优势是其整合多种支付方式的能力，为用户提供了一站式支付解决方案。无论是借记卡、信用卡、银行账户直连、第三方支付服务，还是虚拟货币，电子钱包都可以将其统一管理，让用户在一个界面内完成所有类型的支付。这种聚合效应不仅简化了用户的财务管理，也提高了支付系统的整体效率和用户黏性。

随着电子钱包功能的不断扩展，增值服务也相继出现，如账单管理、预算规划、积分累积、优惠推送等，进一步提升了用户体验。电子钱包还与各类商家合作，提供定制化的促销活动，鼓励消费者使用电子钱包进行支付，从而形成良性循环，推动了电子钱包的普及和移动支付市场的繁荣。

# 二、跨境支付解决方案

跨境支付解决方案是旨在简化流程、加快交易速度并降低成本的国际资金转移方法。随着全球贸易、电子商务和跨国业务的日益增加，高效且可靠的跨境支付变得至关重要。

## （一）跨境支付的挑战

### 1. 汇率波动：影响跨境支付的不确定性因素

汇率波动是跨境支付中一个至关重要的考量因素。在货币兑换过程中，实时汇率的波动直接影响着交易的最终成本。汇率是由多种因素决定的，包括国家的经济状况、货币政策、通货膨胀率、利率水平以及国际市场上的供需关系。货币兑换过程中，如果汇率不利，即使是微小的波动也可能导致支付金额的显著变化。例如，一家美国公司向欧洲供应商支付货款时，如果美元对欧元贬值，该公司将需要更多的美元来兑换相同的欧元金额，从而增加了支付成本。因此，跨境交易者通常需要密切关注汇率市场动态，有时甚至会使用衍生金融工具如远期合约来锁定汇率，以规避潜在的汇率风险。

## 2. 支付时间延迟：跨境支付的效率瓶颈

传统银行系统中的跨境支付往往伴随着时间延迟。一笔跨境款项从发起到最终到达收款人账户，可能需要数天乃至一周以上的时间。这种延迟主要是由于支付过程中涉及的多层次银行网络和复杂的清算流程。当一笔款项从一个国家的银行账户转移到另一个国家的银行账户时，它可能需要通过多个中间银行进行中转，每家银行都需要处理和验证这笔交易，这个过程称为"链式清算"。此外，不同的银行间可能采用不同的清算系统，如 SWIFT，这也增加了处理时间和成本。节假日和不同国家的营业时间差异也会延长支付时间，尤其是在涉及时区跨越的情况下。

## 3. 高手续费：跨境支付的隐性成本

跨境支付不仅耗时，而且可能产生高昂的手续费。每笔跨境交易除了基础的转账费用之外，还可能包括外汇兑换费、中间银行手续费以及清算网络费用。这些费用加起来，尤其是对于小额交易来说，可能会占到交易总额的相当比例。例如，一家小型企业向海外供应商支付小额采购款时，高额的手续费可能会显著侵蚀交易的实际价值。此外，手续费的不透明性也是一个问题，有时候发送方和接收方都难以准确预知整个支付链路中的总费用，这进一步增加了跨境支付的成本和复杂性。

### 4. 合规与监管：跨境支付的法律挑战

跨境支付还面临着复杂的合规与监管环境。不同国家的金融法规存在巨大差异，这给跨境支付带来了额外的挑战。在进行跨境交易时，企业必须遵守双方国家的法律要求，包括反洗钱、反恐怖融资及数据保护法规。例如，欧盟的《通用数据保护条例》对个人数据的处理有严格的规定，而美国的《爱国者法案》则要求金融机构报告大额交易和可疑活动。这些法规不仅增加了合规成本，还可能导致支付流程的延迟，因为银行和支付服务提供商需要进行详尽的审核和验证，以确保交易符合所有相关法规。

### 5. 透明度与追踪：跨境支付的可见性难题

传统的跨境支付系统往往缺乏透明度，使得交易状态难以追踪。当一笔款项在国际银行网络中流转时，发送方和接收方很难实时获取交易的详细进展信息。这种不透明性不仅给交易双方带来不便，还可能因为缺乏有效的监控手段导致欺诈风险增加。此外，一旦发生错误或纠纷，缺乏详细的交易记录和审计线索会使得问题解决过程变得困难且耗时。因此，提高跨境支付的透明度和追踪能力，成了金融科技公司和监管机构共同追求的目标。

综上所述，汇率波动、支付时间延迟、高手续费、合规与监管的复杂性以及透明度与追踪的缺失，构成了跨境支付领域的主要挑战。为了解决这些问题，近年来出现了各种创新的支付解决方案，包括区块链技术、点对点支付系统以及专门的跨境支付服务商，它们致力于提供更快捷、更便宜、更透明的跨境支付服务。

## （二）解决方案与技术

### 1.区块链和加密货币：重塑支付版图

区块链技术，以其去中心化、透明性和不可篡改性，为支付行业带来了革命性的变化。加密货币，如比特币和以太坊，基于区块链技术构建，实现了点对点的直接支付，消除了传统金融体系中繁复的中间环节。这意味着支付交易可以绕过银行等传统金融机构，直接在参与者之间进行，大大加快了支付速度，同时显著降低了交易成本。例如，比特币网络允许用户在全球范围内瞬间发送和接收资金，而以太坊的智能合约功能更是引入了自动化支付处理的能力，为支付流程的效率和安全性提供了新的标准。

### 2.SWIFT 替代方案：加速跨境支付

环球银行间金融通信协会（SWIFT）系统长期以来一直是全球银行业跨境支付的基石，但其交易速度慢、成本高以及缺乏透明度的问题使得替代方案开始出现。Ripple 等金融科技公司正利用分布式账本技术打造新一代的支付系统。Ripple 通过其 XRP Ledger 提供近乎实时的跨境支付解决方案，不仅减少了交易时间，还显著降低了跨境支付的费用。此类解决方案通过预先设置的流动性池和智能路由算法，能够快速匹配货币需求，从而实现资金的即时转移，为跨境支付提供了一个更为高效和经济的选择。

### 3.SaaS 平台与支付 APIs：集成支付多样性

软件即服务（SaaS）平台和 APIs 的出现，极大地简化了企业的支付集成过程。支付 APIs 允许商家轻松接入多种支付方式，无论是信用卡、借记卡还是电子钱包，都可以在一个平台上实现统一管理。SaaS 支付解决方案则进一步提供了灵活的支付工具和服务，企业可以根据自身需求选择最适合的支付选项，而不必担心技术兼容性和维护问题。这种高度集成和定制化的支付解决方案不仅提升了用户体验，还为商家提供了更广泛的市场触达能力。

### 4.多币种账户：优化货币管理

面对全球化的商业环境，多币种账户的出现为跨境交易提供了便利。银行和金融科技公司提供的多币种账户允许用户在同一账户下持有和管理多种货币，这意味着用户无须频繁进行货币兑换就能进行国际支付和收款。这种账户结构不仅减少了因货币转换产生的费用，还提供了更好的汇率管理机会，用户可以根据市场情况选择最佳时机进行货币转换，从而节省成本。

### 5.智能合约：自动化支付的新时代

智能合约是区块链技术的一个关键应用，它能够在满足特定条件时自动执行合同条款，无需人工干预。在支付场景中，智能合约可以确保当特定事件发生时，如货物交付确认或服务完成，支付将自动触

发。这种自动化流程不仅提高了交易的效率和准确性，还减少了欺诈风险，因为一旦条件达成，支付几乎是即时且不可逆的，从而增强了交易双方的信任。

### 6.跨境支付聚合器：一站式全球支付解决方案

跨境支付聚合器通过整合多个支付渠道，为需要进行国际支付的企业提供了一站式服务。这类服务提供商通过与全球各地的银行和支付网络建立合作关系，能够处理各种支付类型，无论是在本地还是在海外。聚合器的出现简化了复杂的跨境支付流程，企业只需要与单一的服务商对接，即可在全球范围内进行支付，同时享受更低的交易成本和更高的支付成功率。这种模式尤其适合那些业务遍布全球，需要处理多国货币支付的大型企业，以及寻求扩大国际市场的小型企业。

总体而言，上述创新支付解决方案正在重塑全球支付格局，通过提高效率、降低成本和增强安全性，为个人和企业提供了更为便捷和经济的支付选择。随着技术的不断发展，我们可以预见未来支付领域将会有更多创新涌现，进一步推动支付行业的数字化转型。

## （三）实施策略

### 1.合作伙伴关系：本地洞察与网络优势

在跨境支付领域，与当地支付服务提供商建立合作伙伴关系是至关重要的一步。这些本土伙伴拥有深厚的本地市场知识，熟悉当地消费者的支付偏好、文化习俗以及法律法规。通过与他们合作，企业可以利用其已建立的网络资源，快速进入新市场，同时减少因不了解本地规则和习惯而可能遇到的障碍。例如，通过与当地银行或支付网关合作，企业可以更顺利地处理本地货币交易，提供本地支付方式，如即时银行转账、电子钱包或分期付款选项，这些都是在特定地区广受欢迎的支付方式。此外，本地合作伙伴还可以协助企业解决跨境支付中的合规问题，确保支付流程符合当地的法律要求，从而降低法律风险。

### 2. 合规与风险管理：确保合法性与安全性

合规性是跨境支付中的核心议题，因为不同国家和地区有着各自独特的金融监管框架。企业必须确保其支付流程符合所有相关的国际和本地法规，包括反洗钱、反恐怖融资法规、数据保护法及跨境支付的特定要求等。企业需要建立一套全面的风险管理流程，包括实时监控交易，以识别潜在的欺诈活动或不合规行为；定期开展合规培训，确保员工了解最新的法规变化。此外，企业应与专业法律顾问和合规顾问紧密合作，定期审查和更新其合规政策，以适应不断变化的法律环境，从而保护企业和客户免受法律风险的影响。

### 3. 多渠道策略：满足多样化支付需求

为了满足全球客户的支付偏好，企业应该采取多渠道支付策略，提供包括信用卡、借记卡、电子钱包、银行转账等多种支付方式。这种灵活性不仅可以吸引更广泛的客户群体，还能提高交易成功率，降

低因支付方式受限而导致的购物车放弃率。例如，在欧洲，银行转账和电子钱包（如 iDEAL、SOFORT 和 Klarna）非常流行，而在亚洲，移动支付（如微信支付和支付宝）则是主流。通过集成这些支付方式，企业可以为客户提供无缝的支付体验，无论他们身处何地，都能找到最适合自己的支付选项。同时，多渠道策略也有助于企业分散风险，避免因单一支付通道出现问题而影响整个支付流程。

### 4.客户支持与服务：多语言沟通与问题解决

在跨境支付中，提供多语言客户支持是提升客户满意度和信任度的关键。由于客户可能来自世界各地，说不同的语言，因此企业需要配备能够用客户母语交流的支持团队。这不仅包括电话和电子邮件支持，还包括实时聊天和社交媒体渠道，以便在客户遇到支付问题时，能够迅速响应并提供帮助。此外，多语言网站和自助服务资源，如常见问题解答（FAQs）和帮助文档，也是不可或缺的。通过这些措施，企业可以确保客户在支付过程中遇到任何疑问或困难时，都能获得及时、准确的信息，从而增强客户对品牌的忠诚度和信任感。多语言支持不仅体现了企业的国际化视野，也是提升品牌全球竞争力的重要一环。

## （四）未来发展趋势

### 1.实时支付：加速全球交易速度

实时支付，或即时支付，指的是支付指令一经发出，资金就能立即从一个账户转移到另一个账户，无需经历传统银行系统中的长时间清算和结算过程。这项技术对于跨境支付而言意义重大，因为它极大地缩短了交易时间，从几天甚至几周缩短至几秒，显著提高了资金流动的效率。实时支付系统通过与银行、支付处理器和其他金融机构的紧密集成，利用先进的通信协议和分布式账本技术，确保每一笔交易都能够迅速、安全地完成。这对于需要即时资金流的商业活动尤为重要，如供应链金融、紧急支付，以及电子商务的即时结算，有助于提升企业运营效率和客户满意度。

## 2. 监管科技：合规的智能化转型

监管科技是金融科技的一个分支，专注于运用现代信息技术来改善和优化金融监管流程。在跨境支付领域，监管科技的应用可以帮助企业更高效地满足复杂的国际和本地法规要求，如反洗钱、反恐融资、数据保护以及跨境交易报告。通过自动化数据收集、智能分析和风险评估，监管科技解决方案能够显著降低合规成本，同时提高合规性，减少人为错误。例如，使用机器学习算法可以自动筛查可疑交易，而自然语言处理技术则可用于理解并遵守不断变化的监管文档和指导方针，使企业能够在遵守法律的同时，保持业务的敏捷性和竞争力。

## 3. 增强的数据分析：驱动决策与优化

大数据和人工智能在跨境支付中的应用，为企业提供了前所未有的洞察力，以预测市场趋势、优化支付路径并降低成本。通过分析海量的交易数据，AI模型能够识别出最优的支付路线，考虑汇率波动、交易费用、处理时间等因素，从而为每笔交易选择最经济、最快捷的支付渠道。此外，增强的数据分析还能帮助企业监测市场动态，预测未来需求，调整战略以应对市场变化，如货币价值波动、新兴支付方式的兴起以及消费者偏好的演变。这些数据驱动的决策不仅能提升支付效率，还能增强风险管理，为跨境支付提供更稳固的基础。

### 4. 移动支付的普及：重塑支付体验

随着智能手机和移动互联网的普及，移动支付已经成为全球范围内一种主导的支付方式，尤其在发展中国家，它为数百万尚未接入传统银行服务的人口提供了金融服务的入口。移动支付平台，如支付宝、微信支付、PayPal 和 Google Pay，不仅方便用户进行日常交易，还提高了跨境支付的便捷性。用户只需轻点几下屏幕，即可完成跨境转账、购买国际商品或服务，而无需担心复杂的银行流程或高昂的交易费用。移动支付的普及不仅简化了支付流程，还促进了全球贸易和旅游，推动了全球经济的一体化进程。

综上所述，实时支付、监管科技、增强的数据分析和移动支付的普及，正在共同塑造跨境支付的未来。这些创新不仅提高了支付的效率和安全性，还降低了交易成本，增强了市场的透明度和公平性。随着技术的持续进步，我们有理由相信，未来的跨境支付将变得更加无缝、智能和普惠，为全球贸易和经济合作开辟新的可能性。

# 三、支付系统的安全与隐私

随着数字支付在全球范围内的迅速普及，支付系统的安全性和用户的隐私保护成了不容忽视的议题。数字支付的便捷性和高效性无疑极大地提升了日常交易的效率，但同时也引出了一系列安全挑战。其中，网络攻击、数据泄露、身份盗用和欺诈是最为主要的风险点，对整个数字支付生态构成了严峻考验。

网络攻击是数字支付系统面临的首要威胁之一。黑客和网络犯罪分子利用各种技术手段，试图侵入支付平台，窃取用户资金或敏感信息。这些攻击可能针对支付系统的弱点，如软件漏洞、弱密码保护或不安全的数据传输通道，以达到非法目的。

数据泄露则是另一个重大隐患。在数字支付过程中，大量的个人信息和财务信息被收集、存储和传输，包括姓名、地址、银行账号、信用卡信息等。如果这些信息未能得到妥善保护，一旦遭遇数据泄露事件，不仅会对用户造成直接的经济损失，还会导致个人隐私遭到严重侵犯，甚至可能引发身份盗用和其他后续的犯罪行为。

身份盗用也是数字支付安全的棘手问题。犯罪分子可能通过获取用户的登录凭证、支付卡细节或其他敏感信息，假冒合法用户的身份进行交易，从而非法转移资金或购买商品。这种类型的犯罪不仅对受害者造成财务损失，还可能破坏其信用记录，带来长期的负面影响。

欺诈行为在数字支付环境中也屡见不鲜，其主要包括虚假交易、伪冒支付请求或"中间人"攻击。犯罪分子拦截并操纵支付信息，以将资金导向自己的账户。欺诈者也可能利用社交工程技巧，诱骗用户透露敏感信息或批准未经授权的支付。

为了应对这些风险，数字支付行业必须采取强有力的安全措施和隐私保护策略。这包括加密数据传输、强化身份验证机制、定期进行安全审计、及时修补系统漏洞以及使用户增强安全意识。只有当支付系统能够提供可靠的安全保障和隐私保护时，数字支付才能真正赢得用户的信任，从而持续健康地发展。

面对数字支付领域中的多重安全挑战，支付系统运营商和金融机构已经采取了一系列多层次的安全措施，旨在保护用户信息和交易安全，防止潜在的欺诈和数据泄露。这些措施覆盖了从数据加密到用户身份验证的各个方面，确保支付环境的安全性和可靠性。

端到端加密是保护数据在传输过程中不被截获和解读的关键技术。它确保了从发送方到接收方的信息在传输过程中始终保持加密状态，即使数据包被第三方截获，也无法读取其内容。这一过程通常涉及使用公钥和私钥对数据进行加密和解密，确保了数据的机密性和完整性。

多因素认证（MFA）则加强了用户身份验证的复杂度，要求用户在访问账户或执行交易时提供多种形式的验证信息。这可能包括用户所知（如密码）、用户所有（如手机收到的一次性验证码）以及用户本身（如指纹或面部识别）。通过结合不同类型的验证因素，账户被未授权访问的难度大大增加。

生物识别技术，如指纹扫描、虹膜识别和面部识别，为用户提供了更为直观和方便的身份验证方式。这些技术利用人体独有的生物特征，提供了一种难以复制的安全验证手段，减少了用户对易忘记或易被盗的传统密码的依赖。

先进的欺诈检测系统运用机器学习和人工智能技术，能够实时监控和分析大量交易数据，识别异常行为模式，从而在欺诈发生之前进行预警或阻止。这些系统能够学习正常交易模式，当检测到偏离常规的交易时，会自动触发警报，要求额外的验证步骤，或暂停可疑交易，以减少欺诈损失。

此外，严格的法律法规，如欧盟的《通用数据保护条例》，为数据保护设立了高标准。该条例要求企业在收集、处理和存储个人数据时必须遵循透明、合法和公正的原则，确保数据最小化，且只有在获得用户明确同意的情况下才能进行数据处理。这促使企业采取更为谨慎的态度对待用户数据，增强了数据保护，同时赋予了用户更多的控制权，让他们能够更好地管理和保护自己的个人信息。

在隐私保护领域，随着数字支付和区块链技术的普及，确保用户隐私的同时维持交易的透明度和安全性，已经成为一个亟待解决的重要课题。一些创新的支付解决方案正在探索使用零知识证明（Zero-Knowledge Proof）和其他隐私增强技术，以在不损害交易验证和防欺诈机制的前提下，保护用户的隐私信息。

零知识证明是一种加密协议，允许一方（证明者）向另一方（验证者）证明某项陈述的真实性，而无需透露任何有关陈述的具体信息。在支付系统中，这意味着用户可以证明自己拥有足够的资金进行交易，或者证明自己的身份，而无需披露银行账户余额、具体身份信息或交易历史等敏感数据。这一技术在保护隐私的同时，仍然确保了交易的合法性和有效性。

零知识简洁非交互式论证知识论证（zk-SNARKs）是零知识证明的一种实现，特别适用于区块链技术。它能够生成简短的证明，验证者可以在极短的时间内验证这些证明，而无需知道任何有关交易细节的信息。zk-SNARKs 已被应用于某些加密货币中，如 Zcash，用于创建"屏蔽交易"，在这种交易中，发送者、接收者和金额都是保密的，但交易的有效性仍可通过区块链网络验证。

环签名（Ring Signatures）是另一种隐私保护技术，它允许消息签署者在一个签名者集合中匿名地签署消息，而接收者无法确定具体是哪一位成员签发了签名。在支付场景中，环签名可以用于创建多签名交易，其中，交易的发起者可以在一组潜在的发起者中匿名地发起交易，而不需要暴露自己的身份。Monero 是采用环签名技术的加密货币之一，它利用这项技术来增加交易的匿名性和隐私保护。

这些隐私保护技术的应用，使得支付系统能够在保持交易的公开验证和透明度的同时，保护用户的隐私。这对于那些希望在享受数字支付便利性的同时，又能控制自己个人信息暴露程度的用户来说，具有极大的吸引力。随着技术的不断发展和改进，未来我们有理由期待，隐私保护将成为数字支付领域的标准配置，为用户带来更加安全、私密和无缝的支付体验。

# 第四章

## 数字货币新纪元

# 一、中央银行数字货币

中央银行数字货币（CBDC）代表着法定货币的一种新形态，它是中央银行直接发行和管理的数字形式货币，与传统的实物现金和银行存款有着本质的区别。在传统金融体系中，货币流通主要依赖于商业银行，而中央银行数字货币则打破了这一模式，允许用户直接与中央银行进行交互，无需通过商业银行这一中间环节。用户可以直接在中央银行开设账户，存储和使用数字形式的法定货币。

## （一）定义与特点

中央银行数字货币作为法定货币的数字版本，代表着货币发行和使用的全新篇章。它由一国的中央银行直接发行和监管，旨在为现代社会提供更高效、更安全的支付手段。与传统的纸币和硬币相比，中央银行数字货币在数字环境中实现了货币的直接使用，为经济活动和个人交易带来了前所未有的便利性和效率。

中央银行数字货币的设计通常被划分为两大类：批发型中央银行数字货币和零售型中央银行数字货币。批发型中央银行数字货币主要服务于金融机构之间的大额交易，如银行间的结算和清算，其目的是提高金融市场的效率和稳定性。这类中央银行数字货币往往不直接面向公众，而是作为金融机构之间交易的工具，通过优化后台操作，加速资金流转，降低交易成本。

相比之下，零售型中央银行数字货币则是面向广大公众的，作为现金的补充，旨在提供一个安全、快捷的数字支付选项。零售型中央银行数字货币允许消费者和企业直接持有中央银行发行的数字货币，这不仅简化了支付流程，还会增强金融包容性，使更多的人群能够参与到正式的金融体系中。

中央银行数字货币的引入带来了多重优势，首先是显著提高支付效率。中央银行数字货币能够实现即时结算，消除了传统支付系统中常见的延迟，减少了与交易相关的成本。这对于加速资金流动，增强经济活力具有重要意义。

其次，中央银行数字货币有助于增强金融包容性。通过提供易于访问的数字支付选项，它能够触及那些传统银行服务难以覆盖的人群，尤其是农村地区和低收入群体，帮助他们获得基本的金融服务，促进社会的整体经济参与。

再次，中央银行数字货币可以作为货币政策执行的强大工具。中央银行能够更精准地控制货币供应，更有效地执行利率政策，以及在经济危机时迅速采取财政刺激措施，直接将资金注入经济中需要的部门或人群。

最后，随着社会逐渐趋向无现金化，中央银行数字货币能够作为物理现金的替代品，减少对实物货币的需求，降低与印刷、运输和储存现金相关的成本和风险，同时提供更安全的支付方式。

综上所述，中央银行数字货币不仅革新了货币的发行和使用方式，还具有推动金融系统现代化、增强经济韧性、促进社会公平的潜力，是全球金融体系向着更加数字化、高效和包容的方向迈进的重要一步。然而，中央银行数字货币的全面实施也面临着诸如技术安全、隐私保护、法律框架适应性等挑战，需要各国中央银行和政策制定者审慎规划和逐步推进，以确保金融体系的稳定运行。

首先，隐私问题是中央银行数字货币设计和部署中的一大难点。在传统现金交易中，个人的支付行为在很大程度上是匿名的，而理论上中央银行数字货币每笔交易都可以被追踪和记录。虽然这可以提高反洗钱和反恐怖主义融资的效率，但也引发了对个人隐私的担忧。如果中央银行能够完全追踪每一笔中央银行数字货币交易，那么个人的消费习惯和财务状况可能会变得过于透明，从而对公民的基本隐私权构成威胁。因此，中央银行数字货币的设计必须在透明度和隐私保护之间找到一个平衡点，可行的方法包括引入隐私保护技术，如零知识证明，或者建立分层的隐私保护机制，以确保用户数据的安全和匿名性。

其次，中央银行数字货币可能对金融稳定性产生影响，尤其是在初期阶段。如果大量存款从商业银行转为中央银行数字货币，可能会导致银行的流动性紧张，影响银行的信贷能力和盈利能力。这是因为银行的资金主要来源于客户存款，如果存款大规模流失，银行可能需要出售资产或提高贷款利率以维持运营，这可能会引起金融市场波动，甚至在极端情况下会触发银行挤兑现象。为了避免这种情况的发生，中央银行和监管机构需要制定相应的政策框架，如设定中央银行数字货币持有量的上限，或者建立有效的宏观审慎管理机制，以确保金融体系的平稳过渡和长期稳定。

最后，技术安全是中央银行数字货币成功实施的基石。由于中央银行数字货币本质上是一个庞大的数字资产存储和交易系统，它必须具备强大的网络安全防护能力，以抵御黑客攻击和防止数据泄露。任何安全漏洞都可能造成巨大的经济损失和信任危机，从而危及中央银行数字货币的普及度和接受度。因此，中央银行需要与金融科技公司、网络安全专家紧密合作，采用最先进的加密技术和安全协议，建立多层次的安全防御体系，如数据加密、入侵检测系统、灾难恢复计划等，以确保中央银行数字货币系统的安全性和可靠性。

总之，中央银行数字货币的引入是一个复杂的系统工程，它不仅需要技术创新，还需要政策制定者、监管机构和公众之间的广泛对话与合作，以克服隐私、金融稳定和技术安全等方面的挑战，确保中央银行数字货币能够成为促进经济和社会福祉的有力工具。

## （二）技术架构与运行机制

在部分国家的 CBDC 项目中，区块链技术发挥着重要作用。以一些小型经济体尝试构建的 CBDC 系统为例，其利用区块链的去中心化特性，摒弃了传统支付体系中依赖单一中心节点的模式，交易不再需要通过众多中间机构进行验证与清算。所有参与节点共同维护账本，每个节点都保存完整的交易记录，这使得交易过程更加透明，任何一方都难以篡改交易信息。同时，区块链的加密算法保障了交易数据的安全性，交易信息在传输与存储过程中被加密，只有拥有特定密钥的授权方才能读取和处理。并且，每一笔交易都带有时间戳，按照时间

顺序依次记录在区块链上，实现了交易的可追溯性，一旦出现问题，能够快速准确地回溯交易流程，查明问题根源。

分布式账本技术是实现高效账本记录与同步的核心技术。在 CBDC 运行体系中，多个节点共同参与账本的维护，当一笔数字货币交易发生时，交易信息会同时广播到各个节点。各节点通过共识机制，如工作量证明、权益证明等，对交易的真实性与合法性进行验证。只有当大多数节点达成一致意见后，该交易才会被记录到账本中，并同步更新到其他所有节点，确保了数据的一致性。这种分布式账本模式避免了传统中心化账本可能出现的单点故障风险，即便部分节点出现问题，整个账本系统仍能正常运行，大大提高了系统的稳定性与可靠性。

## （三）发行与流通机制

目前，CBDC 的发行机制主要有单层投放和双层投放两种模式。单层投放模式下，央行直接面向公众发行数字货币，公众可在央行开设数字货币账户，直接从央行获取和存储数字货币。这种模式简化了发行流程，央行能够直接掌控数字货币的发行与流通情况。然而，该模式对央行的技术能力和运营管理要求极高，需要应对海量用户的开户、交易等服务需求。双层投放模式则更为常见，央行先将数字货币发行给商业银行等金融机构，再由这些金融机构向公众提供数字货币服务。中国的数字人民币就采用双层投放模式，央行将数字人民币投放给指定运营机构，如工商银行、农业银行等商业银行，这些机构再通过与公众的业务往来，实现数字人民币的投放与回笼。这种模式充分利用了商业银行现有的服务网络和客户资源，降低了央行的运营成本，同时也有助于维持金融体系的稳定性。

在零售支付场景中，消费者可通过手机等移动设备，利用数字钱包应用，扫描商家的收款二维码或出示自己的付款码，完成数字货币支付。整个过程快捷方便，与现有的移动支付体验类似，但资金的流转直接在数字货币体系内完成，无需经过第三方支付平台的转接清算。例如，在超市购物时，消费者使用数字人民币钱包付款，资金瞬间从消费者钱包转移至商家的数字人民币钱包，交易即时完成，无需等待银行清算。在跨境支付方面，CBDC有望带来革命性变革。传统跨境支付需经过多个中转银行，涉及不同国家的清算系统，手续费高昂且到账时间长。而基于CBDC的跨境支付，通过各国央行间建立的数字货币跨境交易通道，利用分布式账本技术实现交易信息的实时同步与资金的快速转移。如某些国家间开展的数字货币跨境贸易结算试点，交易双方可直接使用本国的CBDC进行结算，大大缩短了支付周期，降低了交易成本，提高了跨境贸易的效率。

## （四）对金融体系的深远影响

### 1. 对传统金融机构的冲击与变革

随着CBDC的普及，公众对现金和银行存款的持有偏好可能发生改变。部分公众可能选择将部分银行存款转换为CBDC，以获得更便捷的支付体验和更高的资金安全性。这将导致商业银行的存款结构发生变化，活期存款和储蓄存款可能面临一定程度的分流。为应对这一挑战，商业银行需要创新存款产品和服务，提高存款的吸引力，如推出与数字货币挂钩的创新理财产品，或优化存款利率结构，根据客户的资金使用情况提供差异化利率。

传统支付清算业务主要由商业银行和第三方支付机构主导，流程复杂且成本较高。CBDC的出现，使得央行能够直接参与支付清算环节，简化了支付清算流程，提高了清算效率。商业银行和第三方支付机构在支付清算市场的竞争优势受到削弱，它们需要积极与央行合作，参与 CBDC 的运营服务，同时不断提升自身的技术能力和服务质量，以在新的竞争格局中占据一席之地。例如，一些商业银行通过与央行合作，开发基于 CBDC 的创新支付产品，拓展支付场景，提升客户体验。

## 2. 对货币政策的影响

CBDC 的数字化特性使得央行能够实时、精准地监测货币的流通速度和总量。通过对数字货币交易数据的分析，央行可以清晰地了解每一笔资金的流向、使用频率等信息，从而更准确地把握货币在经济体系中的运行情况。相比传统货币体系中，央行只能通过抽样调查、金融机构报表等方式获取货币流通数据，存在一定的时滞性和误差，CBDC 为货币政策制定提供了更及时、准确的数据支持。

基于对货币流通速度和总量的精准监测，央行能够更有效地调整货币政策工具，如调整利率、准备金率等，使货币政策的传导更加顺畅、直接。例如，当经济面临通货膨胀压力时，央行可以通过数字货币系统，迅速调整货币供应量，减少市场上的流动性，抑制通货膨胀。同时，央行还可以通过定向投放数字货币等方式，引导资金流向特定行业或领域，实现精准的货币政策调控，提高政策调控效果。

### 3.对金融稳定的作用

CBDC 的推广使用有助于减少现金的流通，降低与现金相关的风险，如现金被盗抢、伪造等风险。同时，数字货币的交易记录可追溯，有利于打击洗钱、恐怖融资等违法犯罪活动，维护金融秩序稳定。例如，通过对数字货币交易数据的分析，监管部门能够更及时地发现异常交易行为，追踪资金流向，有效遏制非法资金流动。

然而，CBDC 也带来了一些新的风险，如网络安全威胁。由于 CBDC 完全依赖于数字化技术和网络基础设施，一旦遭受黑客攻击、网络故障等，可能导致数字货币交易中断、数据泄露，影响金融体系的稳定运行。因此，需要加强网络安全防护，建立健全应急处置机制，保障 CBDC 系统的安全稳定运行。同时，还需防范因公众对 CBDC 认知不足、使用不当引发的系统性风险，加强公众教育和宣传，提高公众对数字货币的认知和使用能力。

## （五）与传统货币的协同与差异

### 1.与传统现金形式的对比

传统纸币和硬币在生产过程中需要采用复杂的防伪技术，如特殊纸张、油墨、水印、防伪标识等，以防止伪造，但造假技术的层出不穷使得防伪成本持续上升。而 CBDC 以数字形式存在，不存在物理伪造的风险，其安全性主要依赖于加密技术和数字认证，大大降低了防伪成本。央行只需维护加密算法的安全性和数字认证体系的可靠性，无需投入大量资源用于物理防伪。

传统现金在携带过程中存在诸多不便，大量现金携带不仅不安全，还可能受到重量、体积的限制。例如，携带大额现金出行需要额外的安保措施，且不便于进行大额交易。而 CBDC 存储在数字钱包中，通过移动设备即可便捷携带，无论交易金额大小，都能轻松完成支付，极大地提高了携带便利性和交易效率。

传统纸币具有一定程度的匿名性，交易过程中无需透露个人身份信息。而 CBDC 在设计上通常会兼顾一定的匿名性和反洗钱、反恐怖融资等监管要求。例如，中国的数字人民币采用可控匿名技术，在小额交易场景下，用户可实现一定程度的匿名支付，保护用户隐私；但在大额交易或涉及可疑交易时，监管部门可通过技术手段追溯交易信息，确保金融安全。

### 2. 与银行存款货币的对比

银行存款货币的支付通常需要通过银行转账、第三方支付平台等方式进行，涉及多个中间环节，支付流程相对复杂，且可能存在支付限额、手续费等问题。而 CBDC 作为一种直接的支付工具，支付过程更加便捷、快速，可实现实时到账，无须依赖第三方机构，支付效率更高。

银行存款通常会根据存款期限、金额等因素产生一定的利息收益，储户将资金存入银行可获得相应的回报。而 CBDC 主要作为一种支付手段，目前多数国家的 CBDC 设计并未考虑给予持有者利息收益，其价值主要体现在便捷的支付功能和法偿性上。不过，未来随着 CBDC 的发展，部分国家可能会探索赋予 CBDC 一定的收益特性，以调节货币流通和宏观经济。

### 3. 与传统货币体系的协同运作

在货币供应调控方面，CBDC 与传统货币体系相互配合。央行在制定货币供应量目标时，需要综合考虑 CBDC 和传统货币的总量与结构。当经济需要刺激时，央行可以通过增加货币投放，包括发行更多的 CBDC 或增加传统货币的供应量，来提高市场流动性，促进经济增长。在经济过热时，则可通过减少货币投放来抑制通货膨胀。同时，CBDC 的发行和流通可以与传统货币的存款准备金制度、再贴现政策等货币政策工具协同使用，共同维护货币总量稳定与金融市场平稳运行。例如，央行可以通过调整商业银行缴存 CBDC 的准备金率，来调节商业银行的资金流动性和信贷投放能力，进而影响整个金融市场的货币供应量。

## （六）国际合作与跨境支付革新

### 1. 国际合作的必要性与进展

在数字货币时代，国家间在 CBDC 标准制定、监管合作等方面的合作至关重要。不同国家的 CBDC 在技术标准、运行机制、监管规则等方面可能存在差异，这可能导致跨境数字货币交易面临诸多障碍，如互操作性问题、监管套利风险等。为解决这些问题，各国央行积极开展合作。例如，国际清算银行牵头组织了多个国家央行参与的数字货币研究项目，共同探讨 CBDC 的跨境支付可行性框架、技术标准协调等问题。一些区域性合作组织也在推动成员国之间的 CBDC 合作，如欧洲央行与欧盟成员国央行共同研究数字货币在欧洲区域内的应用与监管协调，旨在建立统一的数字货币规则和标准，促进区域内金融一体化发展。

## 2. 跨境支付革新分析

传统跨境支付存在手续费高、到账时间长、信息不透明等诸多痛点。手续费方面，由于涉及多个中转银行和不同国家的清算系统，每经过一个环节都可能收取一定费用，导致跨境支付手续费通常较高，一般在交易金额的 3%~5%。到账时间上，往往需要 2—5 个工作日，这对于一些对资金时效性要求较高的跨境贸易和投资活动来说，影响较大。信息透明度方面，交易双方难以实时跟踪资金的流转状态，存在信息不对称问题。CBDC 的出现有望解决这些问题。通过各国央行间建立的数字货币跨境交易通道，利用分布式账本技术，交易信息可以实时同步，资金能够直接在付款方和收款方的数字货币账户间快速转移，实现实时到账，手续费可降低至 1% 以内。

以新加坡和马来西亚开展的数字货币跨境贸易结算试点为例，两国企业在跨境贸易中可直接使用本国的 CBDC 进行结算。交易过程中，资金通过两国央行搭建的数字货币跨境交易平台，瞬间完成转移，交易双方能够实时查看交易状态和资金流向，大大提高了交易效率和透明度。这一试点项目充分展示了 CBDC 在跨境支付领域的巨大潜力，为全球金融一体化进程提供了新的动力，有望推动更多国家和地区开展类似的合作，促进跨境贸易和投资的繁荣发展。

## （七）挑战与应对策略

### 1. 技术层面挑战与应对

CBDC 用户数量和交易规模的不断增长对系统的可扩展性提出了极高要求。在大规模交易处理时，现有的技术架构可能面临性能瓶颈，导致交易延迟、系统崩溃等问题。为应对这一挑战，需要加大技术研发投入，探索新的技术解决方案。例如，采用更先进的分布式计算技术，优化区块链的共识算法，提高系统的处理能力和响应速度。同时，引入云计算、边缘计算等技术，将部分计算任务分布到边缘节点，减轻核心系统的负担，提升系统的整体可扩展性。

### 2. 法律合规挑战与应对

目前，针对 CBDC 的法律法规尚不完善，需要明确数字货币的法律地位、交易规则、监管框架等。在法律地位方面，需从立法层面明确 CBDC 与传统货币具有同等法律效力，保障其在经济活动中的合法支付地位。在交易规则上，要规范数字货币的发行、流通、存储、使用等各个环节的行为准则，明确各方权利义务。在监管框架方面，

需建立健全与 CBDC 特点相适应的监管体系，明确监管主体、监管职责和监管方式，防范金融风险。例如，制定专门的数字货币法，对 CBDC 的相关法律问题进行全面规范，为 CBDC 的健康发展提供法律保障。

### 3. 用户接受度挑战与应对

部分群体可能对数字货币存在安全顾虑、使用不习惯等问题，导致用户接受度不高。为提高用户接受度，需要加强公众教育和宣传。通过多种渠道，如电视、广播、网络媒体、社区宣传等，向公众普及数字货币的基本知识、使用方法和安全性保障措施。开展数字货币使用培训活动，特别是针对老年人、弱势群体等，帮助他们熟悉数字货币的操作流程，消除使用障碍。同时，通过实际案例展示数字货币的便捷性和优势，增强公众对数字货币的信任和认可，促进数字货币的广泛应用。

# 二、区块链技术与加密货币

加密货币，作为区块链技术的杰出产物，代表了金融领域的一项重大创新，它最著名的实例莫过于比特币。比特币自 2009 年问世以来，不仅激发了全球对去中心化金融的兴趣，还催生了一系列类似的数字货币，共同构成了一个蓬勃发展的加密货币市场。加密货币的核心魅力在于其依托的区块链技术，这是一种分布式账本技术，通过网络中众多节点的共同维护，实现了去中心化的交易记录和验证过程。

## （一）去中心化：重塑金融秩序

加密货币的去中心化特性，意味着它们不受任何单一机构或政府的控制。这种架构减少了对传统金融机构的依赖，用户可以直接与其他用户进行点对点交易，无需经过银行或支付处理商等中间环节。这种去中介化的交易方式，不仅降低了交易成本，还加快了交易速度，为全球范围内的资金流动提供了前所未有的便利。

## （二）透明性：构建信任的基石

区块链技术的另一个显著优点是其高度的透明性。所有交易记录

被公开存储在网络的每个节点上，任何人都可以查看这些交易详情，但除非拥有私钥，否则无法修改或伪造这些记录。这种公开透明的特性增强了系统的可信度，因为每一笔交易都经过网络共识机制的验证，确保了交易的真实性和有效性，从而建立了参与者之间的信任。

## （三）不可篡改性：守护交易的永恒印记

加密货币的另一个关键优势是其不可篡改性。一旦交易被记录在区块链上，就形成了一个永久且不可改变的记录。这是因为区块链通过复杂的数学算法和加密技术，将每个区块与其前一个区块相连接，形成一个不可逆的链条。任何试图修改历史交易记录的行为都将被网络中的其他节点检测到，并会被拒绝，从而保证了交易历史的完整性和安全性。这种特性对于防止欺诈和确保交易的持久性至关重要，它赋予了加密货币独特的价值主张，使其在数字资产领域独树一帜。

综上所述，加密货币通过其去中心化、透明性和不可篡改性的特性，为传统金融体系提供了有力的替代方案。它不仅促进了全球资金流动的自由化，还通过增强交易的透明度和安全性，为用户构建了一个更加公平、开放和可靠的金融环境。随着技术的不断进步和应用场景的扩展，加密货币及其底层的区块链技术有望继续引领金融创新的前沿，重塑全球金融版图。

## （四）价格波动性：稳定性的悖论

加密货币的高波动性是其作为货币使用时的一大挑战。与传统货币相比，加密货币的价值可能会在短时间内剧烈波动，这种不确定性使得它们作为交换媒介和价值储存手段的功能受到质疑。例如，比特币的价格在历史上曾出现过数次急剧的上涨和下跌，这种波动性不仅让投资者难以把握，也使得商家在接受加密货币支付时持谨慎态度，担心短期内价值的大幅缩水。这种价格波动性源于市场供需的变化、投机行为、政策变动以及技术发展等多种因素，它限制了加密货币在日常生活中的广泛应用，因为人们倾向于使用更加稳定的价值载体来进行交易。

## （五）能源消耗：环保的代价

加密货币的"挖矿"过程，尤其是像比特币这样的工作量证明（PoW）机制，需要大量的计算资源和电力来维持网络的运行和安全。这种能源密集型的活动已经引起环保人士的广泛关注，因为它们对全球碳排放和气候变化产生了不可忽视的影响。据统计，比特币网络的年耗电量相当于某些国家一年的总用电量，不仅对电力资源造成了巨大压力，还加剧了温室气体排放，与全球减缓气候变化的努力背道而驰。随着加密货币的普及和价值的上升，"挖矿"活动的能耗问题已成为一个亟待解决的环境议题，促使业界探索更节能的共识算法，如权益证明（PoS），以减少对环境的影响。

## （六）监管不确定性：法律的迷雾

加密货币在全球范围内面临的监管环境复杂多变，不同国家和地区对于加密货币的监管要求各不相同，这给其合法性和市场接受度带来了不确定性。有些国家将其视为合法的支付手段，允许甚至鼓励其使用和发展；而另一些国家则对其持怀疑态度，限制或禁止加密货币的交易和使用。这种监管的不一致性不仅增加了加密货币企业的运营难度，也给投资者和用户带来了风险。各国政府和监管机构正在努力寻找平衡点，既要促进金融创新，又要防范金融风险，确保市场稳定和消费者保护。

综上所述，加密货币在带来创新和机遇的同时，也面临着价格波动、能源消耗和监管不确定等严峻挑战。这些挑战不仅考验着加密货币的可持续性和实用性，也呼唤着全球范围内的协作和智慧，以寻找解决方案，确保加密货币能够在促进金融包容性和技术创新的同时，兼顾环境保护和市场稳定。

# 三、数字货币的监管框架：平衡与创新的艺术

数字货币要求政策制定者、金融机构和技术创新者共同努力，构建一个既安全又充满活力的数字金融生态系统。随着技术的进步和监管的完善，数字货币将在未来的金融体系中扮演越来越重要的角色。

## （一）监管的目标

数字货币改变了传统金融交易的格局，在这种情况下，监管框架的构建变得尤为关键。其旨在平衡创新与风险，构建安全与稳定的数字经济生态，确保数字经济的健康发展。

### 1. 保护消费者利益

数字货币的监管框架旨在实现多重目标，其中首要的是保护消费者利益。随着数字货币的普及，确保用户资金安全、打击诈骗和洗钱活动成为监管的重中之重。这要求建立严格的身份认证和交易监控机制，以防止非法活动的产生。监管机构力求确保交易所和钱包服务提供商的安全性，防止欺诈行为，保护用户资产免受盗窃或黑客攻击。同时，监管机构必须确保市场参与者能够理解与数字货币相关的风险，

提供充分的信息披露，使消费者能够做出明智的投资决策。此外，监管政策还旨在提高透明度，要求数字货币公司披露其业务实践，以便消费者能够做出明智的投资决策。这包括要求公司提供准确的价格信息，以及确保交易的公平性和透明度。

## 2.维护金融稳定

鉴于加密货币和中央银行数字货币的兴起可能对传统金融体系产生影响，监管机构必须密切关注这些新兴资产对货币政策、信贷市场以及整个金融系统稳定性的影响。通过适当的监管措施，如资本充足性要求、流动性管理规定以及市场行为准则，可以有效预防系统性风险，确保金融市场的有序运行。数字货币市场的高波动性对全球经济的稳定构成了潜在威胁。监管机构通过制定政策来监督市场活动，防止操纵和内幕交易，以维护市场秩序。这可能包括设立交易限额、监控大型交易，以及在必要时对市场进行干预，以避免系统性风险。

## 3.促进创新

在控制风险的同时，监管机构应当鼓励金融科技健康发展，为新技术和商业模式提供试验空间。这意味着在确保金融安全的前提下，监管机构需要给予市场一定的灵活性，允许企业探索和试验，同时提供清晰的指导原则，帮助创新者理解监管边界，避免不必要的法律风险。

### 4. 防止金融犯罪

监管机构致力于防止数字货币被用于洗钱、恐怖主义融资、逃税以及其他非法活动。为了达到这一目标，许多国家要求数字货币交易所和相关服务提供商遵循"了解您的客户"（KYC）和"反洗钱"（AML）政策，这意味着服务提供商必须核实用户的身份，报告可疑交易，并遵守严格的资金来源和目的地的追踪规则。

### 5. 税收合规

鉴于数字货币交易可能产生的收益，税收合规是监管框架中的一个关键要素。各国税务机关正在制定规则，以确保数字货币交易产生的收益被正确申报和征税。这通常涉及对资本利得税、增值税及交易税的规定，确保税收制度能够适应数字经济的新形势。

为了实现上述目标，监管机构通常采取综合策略，包括立法、执法行动、国际合作以及公众教育。立法层面，各国政府正在制定或修订现有法律，以适应数字货币的特性。执法行动则确保法律得到执行，对违规行为进行惩罚。国际合作是必要的，因为数字货币交易跨越国界，需要全球协调一致的监管方法。公众教育则帮助提升用户对数字货币风险的认知，促进负责任的交易行为。

监管框架的制定是一个动态的过程，需要不断地调整和完善，以适应数字货币领域的快速发展和不断变化的挑战。各国政府和监管机构正在密切合作，共享最佳实践，以构建一个既能促进创新又能保护市场的数字货币监管环境。随着更多国家加入数字货币的监管行列，预计未来将出现更多统一和协调的国际监管标准。

## （二）全球视角：协同与分类监管的重要性

鉴于数字货币的跨境属性，国家间的合作与协调对于构建有效的监管框架至关重要。各国监管机构需要就数字货币的定义、分类、交易规则以及跨境执法合作等方面达成共识，以防止监管套利和市场碎片化。国际组织，如金融稳定委员会（FSB）、国际货币基金组织（IMF）和世界银行（WB），扮演着推动全球监管对话和协调的关键角色。

分类监管是应对数字货币多样性的必要策略。不同类型的数字货币，如稳定币、中央银行数字货币、实用型代币等，因其用途、风险和潜在影响的差异，应适用不同的监管标准。稳定币，因其旨在与特定资产保持价值挂钩，可能需要更严格的资本要求和储备管理规则，以确保其价值稳定。中央银行数字货币作为法定货币的数字形式，其监管侧重于货币政策的实施和金融系统的整合。而实用型代币，作为特定平台或社区的内部支付工具，可能更多地关注于用户权益保护和市场公平性。

综上所述，数字货币的监管框架是一个复杂的体系，它不仅需要平衡消费者保护、金融稳定与创新促进之间的关系，还要在全球范围内寻求协同监管与分类监管的平衡。随着数字货币生态的不断发展，监管政策也将持续进化，以适应市场和技术的最新变化，确保数字经济的健康、安全和繁荣。

# 四、发展趋势：数字货币的规范化与制度化

## （一）明确法律地位：构建清晰的监管蓝图

随着数字货币在全球范围内的影响力日益增强，越来越多的国家开始认识到制定明确法律框架的紧迫性。这包括界定数字货币的法律地位，以及制定相应的监管规则，以确保其在法律体系中的正当性和可操作性。例如，一些国家已经承认比特币和其他加密货币为合法的支付手段，而其他国家则将其定位为财产或商品，适用于现有的财产法或商品交易法规。这一过程通常伴随着对现有法律的修订或新法律的出台，以适应数字货币的特性和挑战。明确的法律地位不仅有助于消费者和企业更好地理解其权利和义务，也为监管机构提供了执行规则的依据，促进了市场秩序的建立。

## （二）反洗钱与反恐怖融资：强化法规体系

鉴于数字货币的匿名性和跨境流动性，其被用于洗钱和资助恐怖活动的风险不容忽视。为此，各国政府和国际组织正着力完善反洗钱和反恐怖融资法规，以确保数字货币交易的透明度和合规性。这包括

要求数字货币交易所和钱包服务提供商履行客户身份识别和交易报告义务，以及实施更严格的审计和监管检查。通过这些举措，监管机构旨在遏制非法活动，同时保障合法用户的权益，维护金融市场的健康和稳定。

## （三）税收与会计：规范财务管理与合规要求

随着数字货币逐渐融入主流经济活动，对其交易的税务处理和会计准则的确定成了一个重要议题。不同国家正在探索如何将数字货币交易纳入税收体系，包括资本利得税、增值税和所得税等方面，以确保合理征收。与此同时，会计标准的制定也在同步进行，旨在为数字货币的估值、记录和报告提供统一的方法，帮助企业和投资者更准确地反映其财务状况。这些努力不仅有助于提升数字货币市场的透明度，还为投资者提供了更清晰的财务规划指南，促进了市场参与者的合规意识。

总之，数字货币的发展趋势正朝着更加规范化和制度化的方向前进。通过明确法律地位、强化反洗钱与反恐怖融资法规，以及确立税收与会计准则，监管机构和立法者正在构建一个既包容创新又注重风险控制的监管环境。这些措施不仅有助于保护消费者和投资者的利益，还为数字货币行业的长远发展奠定了坚实的基础。随着监管框架的不断完善，我们可以期待数字货币将在未来的金融体系中扮演更加成熟和稳定的角色。

第五章

金融科技崛起

金融科技的崛起标志着金融行业的一场深刻变革，它利用现代科技手段对传统金融服务进行改造，从而提高了效率、降低了成本，并为消费者和企业提供了更广泛、更个性化的金融产品和服务。

# 一、金融科技公司的生态系统

金融科技公司的生态系统是一个由多元化的参与者和利益相关者组成的复杂网络，其通过创新技术来重塑金融服务的面貌。在这个生态系统中，参与者包括初创公司、成熟企业、传统金融机构的科技部门、投资者、监管机构，以及各类技术支持和服务提供商。它们共同致力于通过技术手段解决传统金融行业存在的问题，推动金融行业的现代化进程。

## （一）核心领域的创新：金融科技重塑金融服务

### 1. 支付解决方案：打破时空界限

支付解决方案的创新旨在创造更快捷、更安全且成本效益更高的支付体验。移动支付、数字钱包和跨境支付等技术，打破了地理和时间的限制，使即时交易成为可能。通过加密技术和分布式账本，这些支付方式确保了交易的安全性，同时通过减少中间环节，降低了交易成本，提升了支付效率。

## 2.借贷平台：算法驱动的信贷革新

借助算法和大数据分析，金融科技公司正在重塑借贷流程。这些平台利用先进的数据分析模型来评估借款人的信用风险，简化了贷款审批流程，提高了放贷效率。通过精准的风险定价，借款人可以获得更具竞争力的利率，贷款产品也更加个性化，满足了不同客户的需求，提高了金融市场的包容性。

## 3.财富管理：智能化的资产配置

智能投顾和自动化工具正在改变财富管理行业。这些技术能够根据个人投资者的风险偏好、财务状况和投资目标，提供量身定制的投资建议。通过算法优化，投资者可以享受到更高效的资产配置和再平衡服务，降低了传统财富管理的高昂费用，让更多人有机会参与并受益于专业级的投资管理。

## 4.保险科技：数据驱动的风险管理

保险科技通过深度数据分析和机器学习，使保险公司能够提供更精准的风险评估和定价。这不仅提高了保险产品的个性化程度，还简化了理赔流程，改善了客户体验。通过实时监测和预测风险，保险公司能够更有效地管理其风险敞口，同时为客户提供更快速、更公正的理赔服务。

## 5. 区块链应用：透明与安全的交易新时代

区块链技术以其去中心化和不可篡改性，为金融服务提供了前所未有的透明度和安全性。在供应链金融中，区块链确保了供应链的每个环节都能被追溯，降低了欺诈风险。跨境支付通过区块链实现了即时清算，极大地缩短了交易时间，降低了成本。在数字资产管理方面，区块链提供了安全、透明的资产所有权和转移机制，促进了数字资产市场的繁荣。

## 6. 监管科技：合规管理的新篇章

面对日益复杂的监管环境，监管科技通过自动化合规监测和报告，帮助金融机构高效遵循法规要求，降低了合规成本。通过整合数据和自动化流程，监管科技解决方案可以实时监测交易，预警可疑活动，确保金融机构的运营符合各项法律法规，同时减少了人工审核的负担，提升了整体的合规效率。

金融科技在这些核心领域的创新，不仅提升了金融服务的效率和安全性，还扩大了金融服务的覆盖范围，促进了金融普惠，为全球金融体系的未来描绘了一幅充满希望的图景。随着技术的不断进步和应用场景的拓展，金融科技将继续引领金融行业的变革，为用户创造更多价值，推动全球经济的持续发展。

## （二）生态系统的特点

### 1. 金融科技公司的生态系统：创新、协作与适应性的典范

金融科技作为金融与科技的交汇点，其生态系统展现出一系列显著的特点，这些特点不仅体现了技术的力量，也反映了金融行业未来的走向。

### 2. 技术创新：金融行业的引擎

金融科技公司是技术创新的前沿阵地，它们利用云计算、大数据、人工智能、区块链等前沿技术，对传统金融服务进行革新。云计算提供了弹性和可扩展性，使得处理大量数据和运行复杂算法成为可能；大数据分析则让企业能够洞察用户行为，提供更为精准的服务；AI 和机器学习的应用提升了决策效率和个性化服务水平；而区块链技术则加强了交易的安全性和透明度，降低了信任成本。这些技术的综合运用，推动了金融服务的创新，极大提升了效率和安全性，为用户带来了前所未有的体验。

### 3. 快速响应：灵活性与敏捷性的体现

与传统金融机构相比，金融科技公司展现出了更大的灵活性和敏捷性。它们的商业模式通常更加轻资产，这使得它们能够在短时间内调整策略，推出新产品或服务，以应对市场变化和满足用户需求。短周期的产品迭代和市场测试能力，让金融科技公司能够快速验证假设，

优化产品，并在竞争激烈的市场环境中保持领先地位。

### 4. 跨界合作：共赢的生态系统

金融科技公司的生态系统并非孤立存在，而是由一系列相互关联的参与者组成，包括其他金融科技初创企业、传统金融机构、科技巨头、监管机构以及各类服务提供商。这种跨界合作和伙伴关系促进了资源共享和优势互补，例如，传统银行可以借助金融科技公司的技术能力，而金融科技公司则可以从银行的客户基础和行业经验中获益。这种合作模式推动了金融行业的整体创新，加速了新技术的普及和成熟。

### 5. 监管适应性：合规与创新的平衡

在金融科技的快速发展中，监管环境的适应性显得尤为重要。金融科技公司必须在追求创新的同时，确保业务模式符合法律法规，避免合规风险。这意味着它们需要密切关注监管动态，积极参与政策制定，与监管机构建立良好沟通，以确保在合法框架内进行创新。这种平衡的寻找，既考验公司的法律敏锐度，也展现了其对社会责任的承担。

### 6. 用户中心：体验为王的时代

金融科技公司深知用户体验的重要性，因此将用户置于服务的核心。无论是通过简化流程、提供透明的价格结构还是定制化的产品设计，金融科技公司都在努力打造无缝、直观的金融服务体验。这种以用户为中心的策略，不仅提升了用户满意度，也促进了金融普惠，让更多的人能够接触并受益于高质量的金融服务，尤其是那些传统金融服务难以触及的群体。

金融科技公司的生态系统是一个不断演进的领域，它不仅推动了金融服务的创新，还促进了金融行业与科技行业的深度融合，为全球金融市场带来了前所未有的活力和效率。随着技术的持续进步和市场的需求变化，金融科技生态系统将继续扩张，覆盖更多金融服务领域，为用户创造更多价值。

## （三）保险科技：科技重塑保险行业

保险科技是近年来金融科技领域中一个备受瞩目的分支。它通过整合大数据分析、人工智能、物联网及其他先进技术，彻底改造了保险业的传统运作模式。保险科技公司利用这些技术来优化保险产品的设计、定价、销售、理赔等各个环节，从而提升客户体验、降低运营成本，并增强风险管理能力。

### 1. 产品设计与定价：大数据分析下的个性化保险革命

在金融科技的浪潮下，保险公司正在经历一场深刻的变革，其中最为显著的是通过大数据分析对产品设计与定价策略的革新。大数据分析的引入，使保险公司能够收集和分析海量的客户行为数据，包括购买历史、信用评分、生活方式、地理位置以及社交媒体活动等，这些数据的综合运用为保险产品设计和定价提供了前所未有的精度。

例如，在车险领域，保险公司利用车联网技术收集驾驶者的驾驶习惯数据，包括行驶里程、驾驶速度、刹车频率、夜间驾驶次数等。通过这些数据，保险公司可以精准评估每位驾驶者的风险等级，进而提供个性化的保险费率。对于那些驾驶行为安全、风险较低的车主，保险公司可以给予优惠的保险费率，以此激励安全驾驶行为，形成良性循环。这种基于驾驶行为的保险产品，即所谓的"按驾驶付费"（pay as you drive）或"按驾驶方式付费"（pay how you drive）模式，不仅使保险产品更加公平合理，也促使驾驶者更加注意行车安全。

此外，大数据分析还可以应用于健康保险、人寿保险、家庭保险等众多领域。在健康保险中，通过分析个人的医疗记录、生活习惯和遗传病史，保险公司可以提供更加贴合个人健康状况的保险计划，甚至在一定程度上鼓励客户形成健康的生活方式，如定期体检、运动等。在人寿保险领域，通过分析年龄、职业、居住地等因素，保险公司能够更准确地评估生命风险，为客户提供更加合理的保险方案。

总体而言，大数据分析在保险行业的应用，标志着从"一刀切"的传统保险模式向高度个性化、精细化的现代保险模式的转变。这种转变不仅提升了保险产品的吸引力和竞争力，还增强了保险公司与客户之间的互动，使得保险服务更加人性化和贴心。随着技术的不断进步，我们可以期待，未来的保险产品将更加多样化，定价策略将更加精准，最终实现保险与个人需求的高度匹配，促进整个保险生态系统的健康和可持续发展。

## 2. 分销渠道的革新：保险科技与数字化转型

在金融科技的浪潮中，保险科技领域尤为突出，它正以前所未有的速度改变着保险行业的传统分销渠道。保险科技公司通过数字平台和移动应用程序的创新，不仅简化了保险购买流程，还极大地提升了消费者的体验，使保险产品更加触手可及。

以往，购买保险往往需要通过代理人或经纪人，这一过程不仅耗时耗力，而且可能因为信息不对称导致消费者无法做出最有利的选择。然而，随着保险科技的发展，这一局面得到了根本性的改变。现在，消费者只需通过智能手机或电脑，就能了解到各种保险产品信息。这些数字平台和移动应用程序集成了直观的用户界面和强大的后端功能，使得消费者能够轻松地比较不同保险产品的细节，如覆盖范围、价格、条款和条件，甚至直接阅读其他消费者的评价反馈，这一切都无需与传统的人工中介进行交互。

更进一步，保险科技公司还利用大数据分析和人工智能技术，为消费者提供个性化的保险建议。通过分析消费者的个人信息、生活方式和潜在需求，平台能够推荐最适合的保险产品，甚至提供定制化的保险方案，确保消费者获得的保险产品既符合自身需求，又能具有最佳的性价比。

此外，保险科技还简化了投保流程，使得整个过程几乎可以在几分钟内完成。从填写申请表、上传必要的文件，到选择支付方式，所有步骤都可以在线完成，大大节省了时间和精力。部分保险科技公司还采用了实时核保技术，这意味着消费者在提交申请后，可以立即获得承保决定，无需等待长时间的审核过程。

总而言之，保险科技在分销渠道上的创新，不仅消除了传统中介的壁垒，还为消费者提供了前所未有的便利性和透明度。这一趋势不

仅提升了消费者满意度，还促进了保险行业的数字化转型，推动了整个行业向着更加高效、个性化和消费者友好的方向发展。随着技术的不断进步和消费者对数字化服务需求的增长，保险科技在分销渠道上的革新将持续深化，为保险市场带来更多的活力和创新。

### 3. 理赔处理的智能化革新：人工智能与自动化工具的融合

在保险行业的核心流程之一——理赔处理中，人工智能和自动化工具的应用正引领着一场深刻的变革。传统上，理赔处理是一个劳动密集型的过程，涉及大量的文档审查、信息核实以及与客户沟通，不仅耗时，还容易出错，导致客户满意度下降。然而，随着技术的进步，特别是 AI 和机器学习（ML）的引入，理赔流程正在变得越来越高效和准确。

AI 和自动化工具在理赔处理中的应用，首先体现在自动化案件接收和初步审核上。当理赔请求到达时，自动化系统能够即时接收并进行初步分类，将案件分配给合适的处理流程。例如，对于一些标准化的索赔，如轻微的车辆损坏，系统可以直接引导客户通过移动应用程序上传照片或视频，随后使用图像识别技术自动评估损害程度。这项技术能够识别损伤类型、位置和严重性，甚至可以估计修复成本，大大减少了人工审核的需要，加速了理赔流程。

其次，机器学习在预测索赔真实性方面的应用，是提高理赔效率和减少欺诈的关键。通过分析历史数据，机器学习模型能够识别出异常的理赔模式和潜在的欺诈信号。这些模型会考虑多种因素，包括索赔频率、事故地点、索赔金额以及与历史案例的相似性等，以判断索赔是否符合正常的行为模式。一旦检测到可疑活动，系统可以标记这些案件供人工复审，从而在不影响大多数正当索赔的情况下，有效防止欺诈行为。

再次，AI 和自动化工具还能改善与客户之间的沟通，提供更加个性化的服务。智能客服系统，如聊天机器人，可以全天候回答客户关于理赔状态的问题，提供状态更新进度，并指导他们完成后续步骤。这不仅提高了客户满意度，还减轻了客服人员的负担，使他们能够专注于更复杂的问题。

最后，自动化工具在支付流程中的应用也是理赔处理提速的重要一环。一旦理赔请求被批准，自动化支付系统可以迅速处理赔付，将款项直接转账至客户账户，无需人工干预。这种即时支付的能力极大地提升了客户体验，同时也降低了保险公司的运营成本。

综上所述，人工智能和自动化工具在理赔处理中的集成应用，不仅显著提升了理赔流程的速度和准确性，还增强了客户满意度，降低了运营成本，并有助于防范欺诈。随着技术的不断发展，我们有理由相信，未来理赔处理将会变得更加智能、高效和人性化，为保险行业带来更大的价值。

## （四）财富管理：科技驱动的投资转型

在财富管理领域，金融科技的应用同样深刻改变了传统投资咨询和资产管理方式。智能投顾、算法交易、区块链技术等创新工具，为投资者提供了更加高效、透明和定制化的服务。

### 1. 智能投顾：算法驱动的个性化财富管理

智能投顾（Robo-advisors），是金融科技领域的一大创新，代表了财富管理和投资咨询行业的深刻变革。基于算法的智能投资顾问平台利用先进的大数据分析和机器学习技术，能够为投资者提供量身定制的投资组合建议，将个性化财富管理带入一个全新的时代。

传统的投资咨询服务往往局限于高净值客户，因为这类服务通常成本高昂，需要专门的投资顾问团队进行一对一的咨询和管理。然而，智能投顾的出现打破了这一局限，通过自动化和规模化，大幅度降低了专业投资咨询服务的成本，使得普通投资者也能接收到高质量的理财建议。

智能投顾的工作原理始于对投资者个人资料的收集，包括风险承受能力、投资目标、投资期限、财务状况和偏好等。基于这些信息，平台的算法会构建一个适合该投资者的初始投资组合。这一过程涉及复杂的数学模型和算法，用于优化资产配置，以期达到预期的收益目标，同时将风险控制在投资者可接受的范围内。

一旦建立了投资组合，智能投顾还会利用大数据和机器学习持续监控市场动态，分析宏观经济指标、行业趋势、公司财务报表等多维度数据，以便及时调整投资策略。这种动态调整的能力，使得智能投顾能够捕捉市场机会，规避潜在风险，帮助投资者实现长期的财富增值。

此外，智能投顾平台通常提供直观的用户界面，使投资者能够轻松查看自己的投资组合表现，包括实时收益、风险评估、资产分配等信息。平台还会定期发送报告，总结投资表现，提出调整建议，帮助投资者更好地理解自己的投资情况，做出明智的决策。

智能投顾的普及，不仅降低了专业投资咨询的门槛，还提高了金融服务的效率和透明度。通过将个性化服务与先进技术相结合，智能投顾正在塑造一个更加优质的财富管理未来。随着技术的不断进步和市场需求的演变，智能投顾有望进一步优化，提供更多样化、更精细的投资解决方案，惠及更广泛的投资者群体。

### 2.算法交易：毫秒级的市场捕手与策略执行者

算法交易，作为金融科技的一个重要分支，正深刻地改变着全球金融市场运作的本质。它指的是通过预先编程的计算机系统执行复杂的交易策略，以毫秒级的速度捕捉市场上的交易机会，从而在瞬息万变的市场环境中为投资者带来更稳定、更高效的回报。

算法交易的核心在于其高速度和高精度。传统的手动交易往往受限于人类的反应速度和计算能力，而算法交易系统却能在数毫秒内完成数据处理和交易决策，这在高频交易场景下尤其关键。高频交易是一种典型的算法交易策略，它利用市场短暂的供需不平衡，通过极快的买卖操作赚取微小但频繁的差价利润。这种策略依赖于计算机程序的快速反应，能够在瞬间完成成千上万笔交易，捕捉那些肉眼几乎无法察觉的市场波动。

算法交易广泛应用于市场中立策略（Market Neutral Strategies）。这类策略旨在通过同时做多和做空相关资产，抵消市场波动的影响，从而实现相对稳定的收益。算法交易系统能够实时监控资产之间的相关性，一旦发现偏离预设关系的机会，便立即执行交易，调整持仓比例，以维持策略的有效性。

通过持续监测市场动态，算法交易系统能够迅速识别并应对潜在的市场风险，如突然的价格波动或流动性短缺。预先设定的止损和止盈规则可以在市场条件变化时自动触发，保护投资者免受重大损失。

算法交易促进了金融市场的流动性。由于算法交易系统能够快速执行大量交易，其增加了市场的交易量，降低了买卖价差，为所有参与者提供了更佳的交易条件。这对于大型机构投资者尤其有益，其需要在不大幅影响市场价格的情况下进行大额交易。

然而，算法交易并非没有争议。它的高速度和规模有时也会引发市场波动，特别是在市场情绪紧张时，算法交易可能会放大市场反应，导致价格异常波动。因此，监管机构一直在密切关注算法交易的实践，以确保市场的稳定性和公平性。

总的来说，算法交易是金融科技领域的一次革命，它利用计算机的速度和精度，改变了金融市场的交易模式。随着技术的不断进步，算法交易将继续演化，为投资者提供更强大、更灵活的市场参与方式，同时也对市场结构和监管提出了新的挑战。

# 二、金融科技的机遇与挑战

金融科技作为金融与科技融合的产物，既是推动金融行业向更高效、更包容方向发展的催化剂，同时也带来了复杂的风险与挑战。在这个充满机遇与不确定性的时代，金融科技的"双刃剑"特质尤为明显。

## （一）机遇：金融科技的积极影响

金融科技的兴起，标志着金融服务的全面升级。它通过引入创新技术，如云计算、大数据、人工智能和区块链，为传统金融行业注入了新鲜血液。这些技术的应用不仅加快了交易速度，提升了服务质量，还开创了一系列前所未有的金融产品和服务，满足了市场对于便捷性和个性化体验的追求。

### 1.创新服务

从即时跨境支付到无缝的在线投资平台，金融科技公司正引领着一场服务革命。它们利用先进的算法和自动化工具，实现了贷款审批的快速响应、定制化保险解决方案以及智能投顾服务，这一切都极大地提升了客户满意度和市场竞争力。

## 2. 金融包容性

金融科技在促进普惠金融方面的作用不容小觑。通过手机银行应用、数字钱包和微额贷款，金融服务触达了那些以往因地理位置偏远或缺乏信用记录而被传统银行忽视的群体。这不仅为边缘化社群提供了金融工具，还激发了经济增长的新动力，缩小了财富差距。

## 3. 成本节约

金融科技的自动化特性显著降低了运营成本，尤其是在账户管理、支付处理和风险管理等方面。这使得金融机构能够以更低的成本提供服务，同时维持健康的盈利水平，最终惠及广大消费者和中小企业。

## 4. 数据分析能力

借助大数据分析和机器学习，金融科技公司能够深入理解客户需求，优化产品设计，同时强化风险控制。金融机构现在可以基于消费者的信用评分、消费模式和社交行为，提供更为精准的信贷额度和利率，从而增强金融服务的个性化和安全性。

然而，金融科技的迅猛发展也伴随着一系列挑战和风险，包括数据隐私泄露、网络安全威胁、监管合规难题以及市场波动加剧等。因此，在享受金融科技带来的便利与创新的同时，必须采取有效的措施来应对潜在的负面影响，以确保金融稳定与消费者权益得到充分保护。

## （二）风险：伴随机遇而来的挑战

尽管金融科技为全球金融行业带来了前所未有的创新和机遇，但其快速发展也伴随着一系列复杂的风险和挑战，这些挑战横跨多个维度，包括技术安全、监管环境、市场稳定性、就业形势、技术依赖以及伦理与公平性。

### 1. 安全与隐私

在金融科技领域，数据安全和用户隐私保护是最为紧迫的问题之一。随着金融交易的数字化，敏感信息的存储和传输面临前所未有的威胁。数据泄露、黑客入侵和身份盗窃不仅侵蚀了用户对金融服务的信任，还直接危及个人资金安全和隐私。因此，加强数据加密、实施多层防护机制以及提升用户安全意识成为当务之急。

### 2. 监管滞后

金融科技的创新步伐往往超越了现有法律和监管体系的更新速度，这导致了一些灰色地带和监管真空。缺乏明确的监管框架不仅可能滋生市场乱象，还可能累积系统性风险，影响金融稳定。监管机构需要加快立法进程，同时与行业保持紧密沟通，确保监管政策既能促进创新，又能维护市场秩序和消费者权益。

### 3. 市场波动

金融科技的某些领域，尤其是加密货币和数字资产市场，因其高

度波动性而备受关注。价格的急剧波动不仅考验着投资者的心理承受能力，还可能对宏观经济产生连锁反应。监管机构和市场参与者需要共同努力，建立更加稳健的市场机制，以减少不确定性，保障金融市场平稳运行。

## 4. 就业影响

金融科技的自动化和数字化趋势虽然提高了效率，但也引发了对就业市场的担忧。一方面，高技能人才的需求增加，另一方面，低技能岗位面临缩减的风险。这要求社会和政府采取措施，如提供再培训项目，以帮助受影响的员工适应新经济环境，促进劳动力市场的转型。

## 5. 技术依赖性

过度依赖技术可能埋下系统性风险的种子。技术故障、软件漏洞或人为错误可能导致金融交易的大规模中断，进而对整个经济体系造成连锁反应。因此，建立冗余系统、加强应急准备和定期进行压力测试至关重要，以确保金融基础设施的韧性。

## 6. 伦理与公平

算法决策和大数据分析在提高金融服务效率的同时，也可能加剧社会不平等。例如，信用评分系统若设计不当，可能会导致某些群体因历史偏见或数据偏差而被不公平地排斥在金融服务之外。行业和监管机构应当致力于创建公平、透明的算法，确保所有用户都能平等地获得金融服务，增强金融包容性和社会正义。

面对金融科技带来的挑战，行业参与者、监管机构和社会各界需要共同努力，既要拥抱创新带来的机遇，也要妥善应对伴随而来的风险，确保金融科技的发展既能推动经济增长，又能维护社会稳定和公平。

总之，金融科技的崛起是一把"双刃剑"，它既带来了巨大的机遇，也带来了不可忽视的风险。为了最大化其潜力并最小化负面影响，需要政府、行业和消费者共同努力，建立一套全面的监管框架，促进技术的负责任使用，同时确保金融服务的公平性和安全性。为了抓住机遇并有效管理风险，金融科技公司、监管机构和传统金融机构需要紧密合作，共同构建一个健康、稳定的金融科技生态系统。这要求在创新与合规之间找到恰当的平衡，确保科技进步能够惠及所有人，同时维护金融市场的稳定和消费者的利益。

# 三、金融科技的未来发展趋势

未来，金融科技会走向整体智能化运营，区块链的作用会日益凸显，央行数字货币进入整体金融体系以后，会在根本上重塑金融业态。

## （一）立足金融功能的金融科技发展趋势

从金融功能观的角度出发进行分析，金融科技未来的发展将会呈现出基础功能更加场景化、核心功能更加精准化、扩展功能更加标准化、衍生功能更加智能化的特征。

一是金融科技的基础功能将更加场景化，可以为人们提供更加高质高效的金融服务；二是金融科技的核心功能将更加精准化，各大金融机构将借助先进科技更加精准地掌握客户信息，从而提高资源配置的效率；三是金融科技的扩展功能将更加标准化，金融科技的发展也带来了风险与挑战，在此转型过程中，应通过标准化监管程序的制定，更好地实现经济调节与风险规避；四是金融科技的衍生功能将更加智能化，助力金融机构智能化转型。综上所述，金融科技的发展在带来机遇的同时也带来了挑战，为充分利用金融科技所带来的红利、推动我国经济社会建设加快发展，金融机构及监管部门必须未雨绸缪，加强顶层设计，结合实际国情及市场情况，确定企业及行业层面的数字化转型发展方向，进行系统、科学的战略部署，搭建安全、高效的风控体系，最终实现金融业高质量发展，增强金融服务实体经济的能力，推动我国经济平稳、健康、可持续发展。

### 1. 基础功能更加场景化

人工智能是金融科技未来发展趋势之一。在金融市场中，人工智能的应用越来越广泛，其主要通过计算机来模拟人脑对数据进行分析和预测，并根据分析结果做出符合投资者利益的决策。例如，根据股票市场 K 线图及各种数据的变化，人工智能可以做出技术分析选择最优投资方案，并且可以结合投资者的风险偏好及需求提供更具针对性的投资建议，甚至可以回答投资者比较复杂的证券投资问题。人工智能的发展改变了投资顾问、理财专员的社会角色，甚至正在改变金融领域各层次的服务方式、行业结构及金融参与各方的利益格局。

随着金融与科技的深度融合，金融产品与服务的场景化、数字化特征也日益凸显，有效提升了金融服务的质量与效率。特别是随着智能理财、社交金融、消费金融渐渐融入生活的方方面面，越来越多的金融服务将会与场景相融合，金融将会给人们带来更加多元化、更加生动有趣、更加方便快捷的服务，从而大大提升客户体验。特别是金融科技的不断发展将会推动生活场景数字化技术的日臻成熟，广受年轻人喜爱的陪伴式消费服务也将因此获得长足发展。此外，金融科技在保险领域的应用也将更加广泛，保险公司可以借助金融科技的力量，将服务与生活场景相结合，从而为客户提供方方面面的人身与财产保

障。例如，淘宝网络购物的运费险便是将科技、保险与客户的生活场景深度融合的典范。需要说明的是，金融科技孕育的种种线上金融服务场景推动了金融基础功能场景化，但传统的线下金融服务场景并不会随之消失，如何将线上与线下的金融服务场景完美融合，对金融科技未来的发展而言，既是趋势，也是挑战。

## 2. 核心功能更加精准化

优化资源配置是金融业的核心功能，然而目前我国金融业发展仍相对粗放，在优化资源配置方面缺乏应有的精度，实体经济的健康高效发展依然受到融资难、融资贵等问题制约。信息不对称是造成这一现象的主要原因，缺乏对相关企业的全面了解，导致各大金融机构顾虑风险，不敢放贷。未来，随着大数据、云计算、人工智能等新型科技手段的深入运用，银行等金融机构所积累的海量金融数据将得到高效处理和挖掘，精准完成客户全息画像成为现实。同时，外部资源如电力、税务、工商等信息也可被用于构建客户信用评价体系。因此，随着金融科技的发展，金融机构将能够利用数据对客户信用状况进行精准定位，利用智能反欺诈技术自动甄别高危客户、规避高风险业务，提高还款来源审核力度，拓宽贷款覆盖面。未来，金融科技的发展将进一步打破信息壁垒，提升金融服务的精准度，从而强化金融服务实体经济的能力。

在金融科技所涵盖的技术范畴中，区块链是当前备受瞩目的技术。区块链技术通过不同手段和路径不断尝试创新，基于区块链技术创新的交易平台将成为主流，金融消费者可以享受到更加多样化的服务，交易对象、交易时间以及交易市场都会发生改变，这将会对传统金融市场产生巨大的影响。区块链技术除了应用于市场交易，还能辅助交易后台的各类系统，以此来简化交易流程，减少交易步骤和人员需求，从而极大地提升金融业的运行效率。

### 3.扩展功能更加标准化

扩展功能主要包括风险规避功能和经济调节功能。一是数据挖掘和清洗处理将更加标准化，为后续的数据分析及人工智能手段的运用提供更加坚实的基础。当前，人民银行等部门已开始在业界推进金融数据标准化工作，相关的行业协会及自律组织也着手进行自身数据标准的制定。二是相关行业规则及标准将更加完善，市场准入机制和退出机制将更加规范，助力科技更好赋能金融，保障金融市场的公平、稳定与高效。三是为防范金融科技所带来的新型风险，监管手段也必须与时俱进，适应新时代金融科技的要求，纾解监管激励约束问题，促进监管成本内部化，打造公平、透明的监管科技发展机制，构建标准、完善的监管体系，助力构建健康、可持续的金融科技发展生态。四是跨国金融机构之间、各国央行之间的交流合作将更加密切，共同提升金融科技运用能力及数据分析能力。

### 4.衍生功能更加智能化

随着金融科技的发展，人工智能技术与金融业深度融合，逐渐衍生出 AI 风控、AI 投顾、AI 客服等诸多应用，有效破解了金融发展传统难题。当前，以中、农、工、建四大国有银行为代表的金融机构，已开始利用金融科技手段进行布局，谋求数字化转型发展之路。例如，中行借助金融科技力量，推出了面向普罗大众的个性化资产配置服务——"中银慧投"；农行充分运用人工智能技术，打造业内首家企业级人工智能核心系统——"金融大脑"；工行以打造"智慧银行"为切入点，首创"七大创新实验室"，助力集团业务协同发展；建行秉持"智慧、生态、协同"的先进理念，打造全球顶级的数据运管体系，构建智慧型金融生态系统。未来，随着科技手段的不断发展和金融市场的越发完善，利用生物技术进行客户身份识别和验证、利用 AI 手段进行客户运营与维护、利用大数据和云计算技术进行海量客户全景画像及精准营销、利用机器学习提高服务质效等一系列新型金融科技样态将逐渐落地、日臻成熟，必将加速推动金融机构数字化转型。

### 5. 央行数字货币将从根本上改变金融科技发展轨迹

人工智能、大数据、区块链等技术迅猛发展并不断向金融领域渗透，逐步作用于金融领域各个方面，金融服务的效率和包容性均得到大幅提升，法定货币数字化形态的探索也在不断推进。随着央行数字货币的不断推进，整个金融科技生态的逻辑和运营模式将会逐渐被改变。

目前，金融科技正在向 4.0 时代迈进，将进一步实现金融智慧化和生活化。传统金融核心服务的边界会逐步缩小，一些金融机构的职能会弱化甚至逐渐消失。金融科技 4.0 时代的核心是数据，我国正在由信息化时代过渡到智能化时代，数据在信息化时代是机器产生的结果，而在智能化时代则是一切的起点。

在金融科技 4.0 时代，大数据、人工智能、云计算及区块链仍作为基础技术不断发展，但同时出现了大模型。大模型通过联邦学习和知识图谱，以及自然语言处理，来解释和开拓新的世界，从而开拓新的物理世界。这是一个多维度的、新的技术空间，在这个技术空间里，金融科技正在发生根本变化。

## （二）金融与科技生态融合发展趋势展望

### 1. 产业"内驱"动向更加突出，市场格局呈现全新态势

金融科技产业的"内驱"动向不断得到强化，发展趋势更加突出。具体而言，主要体现在两方面：一是随着金融业信息技术应用创新工作的不断推进，尤其是在基础软硬件领域，金融业更为关注自主科技创新能力和供应链安全风险，越来越多的金融机构与技术厂商合作，共同推动基础软硬件领域的技术研发和自主创新。二是随着金融机构的专业科技公司对外输出科技服务，其在金融科技市场的占有率和影响力得到显著提升。以银行系金融科技公司为代表，其不仅形成了较强的金融科技创新产品服务能力，而且还逐步深入传统金融 IT 市场，在银行核心系统建设、IT 基础设施建设等方面打造了较多成功案例。

在金融科技产业"内驱"趋势下，当前我国的金融科技产业市场格局正呈现出全新态势。一是大型金融机构的金融科技子公司，依托于原生背景、技术积累、场景应用和合规管理等多方面优势，快速成长为国内金融科技市场的重要力量，并开始与互联网平台公司、传统

金融 IT 厂商形成激烈竞争态势。二是大型互联网平台公司，在强化金融科技监管、反垄断经营等政策要求下，其在金融科技市场的定位更加趋向于面向金融机构提供技术能力，而不是直接参与面向最终用户的金融服务。三是国内越来越多的基础软硬件 IT 厂商，开始深度参与金融业 IT 基础设施建设，并与金融机构建立了日益广泛而深入的合作关系，形成了共同研发、联合攻关，推动自主创新的良好互动局面。

## 2. 更加强调客户导向，推动服务能力向"千人千面"迈进

随着金融业竞争环境的日益复杂，金融机构经营思维需要从传统以产品和营销为中心向以客户价值为中心转变，各种科技手段在金融业的应用，在很多层面正是着力于提升金融机构的"了解客户"能力，未来的金融科技应用将顺应并强化客户价值导向。

这种趋势具体可以从两方面来体现：一是激活存量客户多样化需求。在消费结构升级和国民财富不断积累的驱动下，原有存量金融客户会产生新的显性和隐性需求，金融科技是当前激活存量客户多样化需求最有力的手段之一，尤其是在零售业务方面，通过技术变革建立起全面完整的客户画像，为客户打上个性化标签，构建客户决策引擎，深刻洞察其需求变化，提供场景化、全方位的金融服务，向"千人千面"的金融产品设计和服务目标不断迈进。二是突破增量客户发展壁垒。金融业增量客户拓展已进入攻坚期，尤其是针对小微企业、乡村企业、农户等普惠群体和实体产业群体，这些群体中存在大量融资需求，但受限于多种因素，导致满足程度较低。通过科技手段，有效分析和把

握这类增量客户的真实融资需求、融资用途和资金去向，实现穿透式风控，为其提供更加匹配的精准化金融服务，是金融机构突破当前增量客户发展壁垒，实现新增客户价值挖掘和拓展的必由之路。

### 3. 科技应用逐步驱动组织变革，纵横多向推动组织架构转型

虽然组织变革是一个长期过程，但金融科技应用的不断深化已经逐步驱动金融机构组织架构进行变革转型，尤其是面对数字化转型发展的新形势，组织架构转型成为必然方向。具体来看，一是在纵向搭建金融科技布局的扁平化架构。减少决策层级，形成专业化的敏捷组织机制，如大型银行正在打破其传统的"总行—分行—支行"结构，推出"总行 + 专业化研发中心 / 子公司"的金融科技布局，在金融科技应用方面能够打破原有部门架构壁垒，更加敏捷高效地实现开发应用。二是在横向进一步打通金融机构原有前中后台功能。通过金融科技手段赋能研发、产品管理、运营支撑、风控、客服等各环节，前中后台实现充分协同，使金融机构组织功能更加强大，同时提升金融机构数字化水平。三是人才激励考核方面实现适应科技应用的转型创新。在金融科技驱动金融机构组织纵向和横向优化的基础上，需要相匹配的人才梯队建设，从领导层到研发团队再到执行人员均需要角色转变，并在团队决策权限、职业晋升灵活性等方面形成符合数字化时代的机制。当然需要强调的是，未来数年中，金融机构在处理金融科技应用与组织变革之间的关系中，应该形成一种协调共生的模式，一方面使组织变革能适应金融科技的全面布局，另一方面又要确保传统组织架构在防控金融风险方面的机制优势。

### 4.多种因素加速行业数字化转型，对转型认知和布局更加系统化

2021 年以来，关于金融业数字化转型的相关讨论成为行业热点，包括监管层在内，"从上至下"加速推动金融业数字化转型成为普遍共识。首先，从金融业数字化转型的驱动因素来看，一是全社会数字化进程不断加快并日益深化，金融业服务的对象和环境因数字化而出现深刻变化；二是金融用户需求呈现出更加个性化和差异化的特征，促使金融机构强化数字化能力以满足用户的多样化需求；三是新一代信息技术发展不断成熟，且在金融领域形成生态化和体系化的广泛应用，为金融业数字化转型提供了强有力的技术供给支撑条件；四是加速数字化转型也是强化金融供给侧结构性改革，提升金融业服务实体经济能力，满足绿色与高质量发展时代要求的必然选择。

在数字化浪潮的席卷下，金融业的数字化转型已不再是零散的尝试，而是朝着更加系统化的方向发展。这一转型不仅是技术的革新，更是对金融业务模式、服务理念以及风险管理等多方面的重塑。而监管层面在其中发挥着至关重要的引导与规范作用，为数字化转型保驾护航。

（1）技术驱动的核心地位

以大数据技术为例，蚂蚁金服旗下的支付宝通过对海量用户交易数据的分析，能够精准地了解用户的消费习惯、信用状况等信息。基于这些数据，支付宝推出了芝麻信用体系，为用户提供个性化的信用评估服务。芝麻信用分高的用户在租房、出行等场景中能够享受免押

金等便捷服务，同时也为金融机构在开展信贷业务时提供了重要的参考依据，大大降低了信息不对称带来的风险。这一举措不仅提升了用户体验，还拓展了金融服务的边界，充分体现了大数据技术在数字化金融服务中的核心驱动作用。

（2）客户体验至上的理念

数字化转型的最终目的是提升客户体验。招商银行在这方面表现突出，其打造的手机银行 App 不断优化功能，从基础的账户查询、转账汇款，到丰富多样的理财产品推荐、在线贷款申请等，为客户提供了一站式的金融服务。同时，通过智能客服机器人"小招"，客户能够随时随地获得快速准确的解答，极大地缩短了客户等待时间。据统计，招商银行手机银行 App 的月活跃用户数持续增长，客户满意度也显著提升，这正是以客户体验为导向进行数字化转型的成果体现。

（3）风险管控的数字化升级

平安银行利用人工智能和机器学习技术构建风险预警模型，对信贷业务中的潜在风险进行实时监测和评估。该模型能够分析客户的多维度数据，包括财务状况、交易行为、社交关系等，提前识别出可能出现违约风险的客户，并及时采取相应措施，如调整授信额度、加强贷后管理等。通过这种数字化的风险管控方式，平安银行有效降低了不良贷款率，保障了金融业务的稳健发展。而在监管层面，中国人民银行也在积极推动金融科技风险监测体系建设。例如，央行运用大数据分析技术对金融机构的交易数据进行监测，及时发现异常交易行为，防范金融欺诈风险。通过建立统一的风险监测平台，将各类金融机构的相关数据纳入其中，实现了对金融市场风险的全面、实时监控，为

金融机构数字化转型过程中的风险管控提供了有力的监管支持。

许多金融机构选择将部分业务迁移至云端，以提高系统的灵活性和扩展性。例如，兴业银行打造了自主可控的金融云平台，将信用卡业务、网上银行等核心系统部署在云端。通过云计算技术，兴业银行能够根据业务量的波动灵活调整资源配置，降低了硬件设施的建设和维护成本，同时提升了系统的稳定性和可靠性。监管部门也积极出台相关政策鼓励金融机构合理运用云计算技术。比如，原银保监会发布的《关于推动银行业和保险业数字化转型的指导意见》中，明确支持银行保险机构加强云计算等新技术应用，提升基础设施自主可控能力，为金融机构采用云计算技术提供了政策依据和方向指引。

区块链技术在金融领域的应用逐渐兴起。中国银联推出的基于区块链的跨境汇款服务，通过区块链的分布式账本和智能合约，实现了汇款信息的实时共享和资金的快速到账。与传统跨境汇款方式相比，该服务减少了中间环节，降低了手续费，提高了交易的透明度和安全性。这一应用展示了区块链技术在优化金融基础设施、提升跨境金融服务效率方面的潜力。在监管层面，香港金融管理局积极探索区块链技术在监管领域的应用，推出了"贸易联动"平台，利用区块链技术实现了对贸易融资交易的实时监管，提高了监管效率和透明度，促进了金融创新与合规监管的有机结合。

一些金融科技公司如盈米基金推出的"且慢"智能投顾平台，利用算法和大数据为投资者提供个性化的资产配置方案。平台根据投资者的风险承受能力、投资目标等因素，为其筛选出合适的基金组合，并进行动态调整。这种智能投顾服务打破了传统投资顾问服务的高门槛限制，让更多普通投资者能够享受到专业的投资建议，推动了财富管理业务的数字化创新。证监会也针对智能投顾业务制定了相关监管规则，要求智能投顾平台在算法透明度、投资者适当性管理等方面严格遵循规定，确保投资者权益得到有效保护，引导智能投顾业务规范发展。

为适应数字化转型的需求，金融机构纷纷加强对复合型人才的培养。例如，工商银行开展了一系列数字化培训项目，涵盖大数据分析、人工智能、区块链等前沿技术领域，同时注重培养员工的金融业务知识和创新思维。通过内部培训、外部合作等方式，工商银行打造了一支既懂技术又懂金融的专业人才队伍，为数字化转型提供了有力的人才支撑。监管部门也积极组织各类培训与研讨活动。例如，央行组织的金融科技人才培训计划，邀请行业专家和学者为金融监管人员以及金融机构从业人员授课，提升行业人员的数字化素养和监管能力。

一些新兴的金融科技企业采用敏捷组织架构，以快速响应市场变化。以众安保险为例，其打破了传统的部门壁垒，组建了多个跨职能的敏捷团队，每个团队围绕特定的业务场景或产品进行研发和运营。这种组织架构使得众安保险能够在产品创新、客户服务等方面快速迭代，推出了一系列符合市场需求的创新保险产品，如退货运费险、手机碎屏险等，在竞争激烈的保险市场中占据了一席之地。在监管层面，一些地方金融监管部门鼓励金融机构在合规框架内探索创新组织架构，支持金融机构通过优化组织架构提升数字化转型效率，为金融机构的组织创新营造了良好的政策环境。

综上所述，加速金融业数字化转型需要从技术、客户体验、风险管控等多方面进行系统化认识，并在基础设施建设、业务创新拓展以及人才培养与组织架构调整等方面进行全面布局。同时，监管层面通过制定政策、创新监管方式等手段，为数字化转型提供了坚实保障。只有这样，金融机构才能在数字化时代实现可持续发展，为实体经济提供更加高效、优质的金融服务。

### 5. 监管试点持续扩大，监管框架与体系建设仍然任重道远

"十四五"规划纲要中明确提出，要"探索建立金融科技监管框架，完善相关法律法规和伦理审查规则"。几年来，针对金融科技的监管政策不断出台，尤其是在数据安全、反垄断等重点领域，监管措施得到有效强化。而从"十四五"期间的发展趋势来看，一方面，创新监管试点持续扩大以做好创新与风险的平衡。监管区域、监管领域、核心技术、参与主体将进一步扩大，全面覆盖科技赋能金融业的方方面面，让尽量多的问题在试点中暴露出来，保证金融科技的创新不改金融的本质，同时在风险可控的前提下，鼓励科技手段在金融服务中深入应用。另一方面，系统化监管框架建立是一个长期的过程。金融科技创新监管试点扩大，给系统化监管框架提供实践基础，通过各个层面的实践逐步探索建立系统化监管框架，而且这一框架也要经历持续修订的过程。金融业现有的系统监管框架是在数十年实践中形成的，金融科技对传统金融业的多个领域形成冲击，且金融科技依然处于快速发展过程中，一些基本原则性的监管规则可以稳定下来，但对于很多量化和具体的监管指标要求也需要持续观察和修订，因此系统化的监管框架建设是一个长期过程。

## 6. 金融科技融入产业数字化转型生态，助力数字经济发展

根据《全球数字经济白皮书（2024 年）》，2023 年，美国、中国、德国、日本、韩国等 5 个国家数字经济总量超过 33 万亿美元，同比增长超 8%；数字经济占 GDP 比重为 60%，较 2019 年提升约 8 个百分点。在推进数字经济发展战略中，金融科技正在融入各行业产业链供应链生态，充分体现出对于支撑各产业数字化转型升级、促进数字经济全面发展的重要价值。

一方面，金融科技应用日益成为产业数字化方案不可或缺的部分。各行业的数字化转型离不开金融业的支持，而支付科技、信贷科技、保险科技、资管科技等创新形成的金融产品和服务升级，释放出数字红利进一步驱动金融业支持实体经济数字化转型的倍增效应。未来智能制造、智慧交通、智慧医疗、智慧物流、智慧农业等各类解决方案的实施中对于融资的需求，均可以与数字金融方案实现融合，促进金融系统与企业生产经营系统打通，共同提升各产业数字化水平，使金融科技成为产业数字化方案的核心组成部分。另一方面，金融科技在助力数字资产价值创造中作用凸显。随着数字经济的发展，在各行业企业拥有的实体资产基础上，基于数据的数字资产越来越重要，数字资产的认定、流通、变现、增值等价值形成过程都离不开金融科技的助力。通过物联网、区块链技术，实体资产的物理形态和数字形态形成映射，产生了新型抵质押物；通过大数据、人工智能的助力，金融机构对数字资产形成有效定价，为交易、变现打下基础；针对数字资产设计专门的金融产品，以及对数字资产证券化操作，让各行业数字

化成果价值得以最大化发挥。

产业互联网时代下,金融行业必定会面临海量的数据输入和精准的数据输出,以及客户需要极致的产品体验和信息交互体验。5G三大应用场景之一eMBB(增强移动宽带),可以大幅提升目前大数据、云计算技术的数据传输和计算能力,mMTC(海量机器类通信)和URLLC(超高可靠低延时)场景则能够拓展物联网、人工智能、区块链等技术的应用范围和场景。在5G技术未来深度融合大数据、人工智能、云计算、区块链等技术的前提下,各行各业的产业结构都会随着新的技术应用发生积极的变化。金融行业作为实体经济资金融通的金融中介,应当紧跟产业结构和交易方式的变化而改变自身的信息数字化形式。例如,传统金融信用评估依靠企业交易账户往来信息和资产状况等决定是否为其提供资金支持,这使得一些不具备良好的资金交易信息的中小企业无法得到金融机构的资金支持。而金融行业可以通过区块链技术,评估与判断企业全方位的运营信息和企业未来发展价值,最大限度地为企业创造经济价值,同时金融机构仍然能够保持较低的风控风险。一方面,金融企业可以通过建立开放式、网络化的金融信息数字化信用评估体系,升级优化金融行业搜集产业互联网下企业信息价值标准;另一方面,金融企业可以拓展金融数据收集范围,包括数字化企业产品设计、产品物流、产品运营、产品交易等阶段信息,以及数字化企业相关联领域的交互信息,实时把控企业经营过程及行业变化情况。

对于商品贸易市场来说,受到互联网去中心化的影响,其交易领域发生了巨大的改变,未来同样会在金融领域产生一定的影响。传统的金融产业需要建立一定的资源信息库，才能定向地提供金融服务和产品，但是用户在接受服务时，在信息不对称的情况下，是不能够继续进行交易的。为保障服务质量和效率，金融科技将第三方金融机构投入业务建设中，从而全面地改变传统的金融服务模式，做到去中心化。随着科学技术的全面发展，去中心化势必会成为互联网金融的发展趋势。

随着金融科技与业务的融合进入"深水区"，金融业自身的底层技术自主创新能力将会得到更多关注，底层技术与业务的深度融合也将进一步加速。在产业互联网时代下，金融行业对各产业的渗透力度会更深，影响程度也会是前所未有的。金融行业要始终严格要求自身在合理合法的金融监管制度下为实体经济服务，严格把控金融风险发生的可能性，并在此基础上积极与产业深度融合。

可以预见，在法律层面，极有可能对参与产业互联网服务的传统金融企业与新型互联网金融公司的准入制度及服务领域进行规范调整。比如，信贷、期货期权交易、对赌协议等容易发生高风险违规操作的金融服务，相关监管机构和被服务企业应该严格进行资质把控和加大违规处罚力度。对于未来可能会产生产业互联网金融服务的领域或场景，应当设立专门的金融监管或金融服务评估机构对新型金融服务模式进行可行性预判，并监管金融服务的合理性和合法性，形成风险预控机制。同时，随着产业互联网金融的形成，金融服务类型的界限会越来越难以界定。因此，对于未来可能会出现的更复杂金融服务类型重叠但法律法规局限的局面，应出台相关的监督管理制度，避免滋生更大范围的投机套利者，造成难以控制的负面经济影响。此外，

监管部门将综合运用监管科技手段，对测试运行项目的关键指标、用户投诉和平台安全等数据实时采集，防范运行过程中边界扩大和底线突破。

# 第六章

## 数据驱动金融服务

数据驱动的金融服务代表了金融行业利用大数据、人工智能、机器学习和云计算等先进技术，以更高效、更个性化的方式提供产品和服务的趋势。

# 一、大数据在金融中的应用

大数据在金融行业中的应用十分广泛，它可以帮助金融机构更好地理解客户行为、优化风险管理、提高运营效率和创新产品。具体应用包括以下方面。

## （一）客户洞察：精细化服务的基石

在当今数据驱动的时代，客户洞察已成为金融机构优化产品供给、提升服务质量的关键策略。通过深度分析客户的交易历史、信用评分、社交媒体行为等多元数据，金融机构能够构建出全面且精细的客户画像，进而提供高度个性化的金融产品与服务，满足客户独特且不断变化的需求。

交易历史作为客户行为的基础指标，揭示了客户的消费习惯、偏好和财务状况。通过对这些数据的挖掘和分析，金融机构能够识别客户的购买模式，预测未来的消费趋势，并据此定制信贷额度、投资建议或保险方案，确保产品与服务更贴合客户的具体需求。

信用评分是评估客户信用风险的重要依据。金融机构利用先进的数据分析技术，结合客户过去的还款记录、收入水平和其他财务信息，可以准确地量化信用风险，从而做出更精准的贷款审批决策，同时为客户提供与其信用状况相匹配的利率和贷款条件。

综上所述，客户洞察不仅仅是收集和分析数据，更是金融机构与客户建立深层次联系的桥梁。借助于客户洞察，金融机构能够从海量数据中提炼出有价值的信息，设计出符合客户需求的个性化方案，最终实现业务增长和客户价值的双重提升。这一过程不仅促进了金融服务的创新，也加深了金融机构对客户理解的深度，使得金融服务更加人性化、高效和可靠。

## （二）风险管理：大数据分析下的金融安全网

在现代金融体系中，风险管理是保障金融机构稳健运营的核心环节。大数据分析的引入，为金融机构识别和管理潜在的信贷风险、市场波动以及欺诈行为提供了前所未有的帮助，使其能够在瞬息万变的市场环境中实时调整策略，有效减少损失，维护金融稳定。

信贷风险的评估历来是银行和贷款机构最为关注的领域之一。大数据分析通过整合来自不同渠道的数据，能够创建更加全面和动态的信用评估模型。这不仅帮助金融机构更准确地预测借款人的还款能力和意愿，还能够及时发现异常信号，提前采取措施避免不良贷款的

产生。

市场波动对金融机构的资产配置和投资决策有着直接的影响。通过实时分析全球市场的数据流,包括股票价格、汇率变动、大宗商品价格、经济指标等,大数据分析系统可以快速识别市场趋势和潜在的风险点。这使得金融机构能够迅速做出反应,调整投资组合,对冲风险,抓住机遇,从而在不确定的市场环境中保持竞争力。

欺诈检测是另一个受益于大数据分析的重要方面。传统的反欺诈方法往往依赖于规则和人工审核,而大数据分析则能通过机器学习算法,从海量交易数据中自动识别异常模式和行为偏差。这种智能分析不仅能提高欺诈事件的检测率,还能减少误报,降低合规成本,保护客户资金安全,增强客户信任。

总之,大数据分析在风险管理中的应用,极大地提升了金融机构的风险感知和应对能力。它不仅强化了信贷审批流程,增强了市场敏感性,还提高了反欺诈的效率,使得金融机构能够在复杂多变的经济环境中稳健前行,为自身及客户创造更大的价值。

## (三)反欺诈与反洗钱:大数据技术的守护力量

在金融行业中,反欺诈与反洗钱是至关重要的两个方面,它们直接影响着金融系统的安全性和合规性。随着大数据技术的广泛应用,金融机构现在拥有更加强大的工具来对抗欺诈行为和洗钱活动,通过模式识别和异常检测,快速识别可疑交易,有效提升整体的安全性和合规水平。

大数据技术的核心优势在于其处理和分析海量数据的能力。金融机构每天都会产生大量的交易数据，包括交易金额、时间、地点、交易方等信息。传统的反欺诈和反洗钱方法往往依赖于预设的规则和人工审核，这种方法在面对日益复杂和隐蔽的欺诈手段时显得捉襟见肘。相比之下，大数据分析能够从这些海量数据中提取出有价值的信息，通过模式识别技术，自动学习和识别正常的交易模式和异常行为。

模式识别技术允许系统自动学习正常交易的特征，并在此基础上建立模型。一旦有交易偏离了这些已知的模式，系统就会标记这些交易为可疑，并触发进一步的调查。这种基于大数据的学习模型能够随着时间的推移不断自我优化，提高识别准确率，减少误报和漏报的情况。

异常检测是大数据分析在反欺诈与反洗钱中的另一项关键技术。它能够识别那些与正常行为显著不同的交易，这些异常交易可能是欺诈或洗钱的迹象。通过对比历史数据和实时交易数据，系统可以快速发现异常模式，如突然的高额交易、频繁的国际转账、与已知犯罪活动相关的交易对手等。这些发现不仅可以帮助金融机构及时阻止非法活动，还能为执法机构提供有价值的线索，协助打击犯罪。

大数据技术的引入，使得金融机构能够在海量数据中迅速筛选出潜在的欺诈和洗钱行为，极大地提高了反应速度和检测效率。更重要的是，它增强了金融机构的合规能力，帮助其遵守严格的反洗钱法规，避免因未能有效监测和报告可疑活动而面临的巨额罚款和声誉损失。

总之，大数据技术在反欺诈与反洗钱领域发挥着不可或缺的作用。它不仅提升了金融机构的安全性和合规性，还促进了整个金融生态系

统的健康发展，为保护消费者利益和维护金融稳定作出重要贡献。随着技术的不断进步，大数据将在未来继续深化其在反欺诈与反洗钱工作中的应用，为金融安全构筑更加坚固的防线。

## （四）市场预测：历史数据与实时动态的智慧结晶

在金融领域，市场预测是投资决策的关键组成部分，它帮助金融机构和投资者理解市场趋势，把握投资时机，规避风险。随着大数据和先进分析技术的融合，金融机构能够利用历史数据和实时市场动态，做出更加精准的市场趋势预测，从而指导其投资决策，提升投资回报率。

历史数据是市场预测的基础。金融机构通过收集和整理过去几十年的市场数据，包括股票价格、债券收益率、商品价格、汇率波动、经济指标等，构建起庞大的数据仓库。这些数据包含了市场周期、经济波动、行业趋势以及各种金融资产的表现模式。通过机器学习和人工智能算法，金融机构可以训练模型来识别数据中的模式和关联性，预测未来市场走势。例如，历史股价数据可以用来预测股票的未来价格走势；经济指标如 GDP 增长率、失业率和通胀率可以帮助预测宏观经济环境，进而影响各类资产的表现。

实时市场动态则是预测模型的实时输入，包括市场新闻、社交媒体情绪、交易量、订单簿深度、市场情绪指数等。这些实时信息反映了市场的即时反应和投资者的情绪，是短期市场波动的重要信号。金融机构可以运用自然语言处理技术分析新闻报道和社交媒体上的讨论，了解市场对特定事件的反应，如公司财报发布、政策变化或突发事件。实时交易数据则提供了市场供求状况的直接反馈，帮助预测短期内的价格走势和流动性变化。

结合历史数据和实时市场动态，金融机构的预测模型能够综合考虑长短期因素，做出全面的市场趋势分析。例如，一个成熟的预测模型可能结合宏观经济预测、行业趋势、公司基本面分析以及市场情绪指标，预测特定股票或资产类别的未来表现。这样的预测不仅为投资组合管理提供了科学依据，也为风险控制和资产配置决策提供了重要参考。

然而，市场预测并非一门精确的科学，它受到诸多不确定性和随机事件的影响。因此，金融机构在利用大数据进行市场预测时，也需要不断优化模型，增强其灵活性和适应性，以应对市场变化。同时，保持对模型的解释性和透明度，避免过度拟合，确保预测结果的可靠性和实用性，对于指导实际投资决策至关重要。

总之，大数据和高级分析技术的应用，使金融机构能够以前所未有的深度和广度，理解和预测市场动态。这不仅提升了投资决策的质量，还促进了金融市场的效率和透明度，为投资者和金融机构创造了更多的价值。随着技术的不断进步，我们可以预见，市场预测将变得更加精准和个性化，为金融行业的未来发展开辟新的道路。

# 二、AI与机器学习的金融实践

人工智能和机器学习技术在金融领域的应用正日益增多，它们能够自动化复杂任务，提高决策效率，同时减少人为错误。

## （一）信贷审批：机器学习引领的自动化革命

在金融服务业中，信贷审批一直是一个既关键又复杂的环节，涉及对借款人信用状况的深入评估。传统上，这一过程高度依赖于人工审核，不仅耗时费力，还可能受到主观判断的影响。然而，随着机器学习技术的飞速发展，信贷审批正经历着一场深刻的变革。通过分析海量的历史数据，机器学习模型能够精准预测借款人的还款能力，从而实现审批流程的自动化，极大地减少了信贷审批对人工的依赖。

机器学习模型在信贷审批中的应用，首先体现在对借款人信用风险的量化评估上。这些模型利用丰富的历史数据集，包括借款人的信用评分、收入水平、就业状况、债务比率及还款历史等信息，通过复杂的算法训练，学会识别哪些因素与较高的违约风险相关联。一旦模型训练完成，它就能够迅速评估新申请人的信用状况，给出一个概率性的风险评分，帮助金融机构决定是否发放贷款，以及贷款的条件和利率。

自动化审批流程的实现，不仅提高了信贷审批的效率，还增强了决策的客观性和一致性。由于机器学习模型能够即时处理大量数据，审批过程得以加速，借款人在申请后短时间内即可得知结果，提升了客户体验。同时，由于模型的决策基于数据而非个人偏见，审批标准对所有申请人来说都是统一的，确保了公平性。

## （二）聊天机器人与虚拟助手：AI 驱动的全天候客户服务

在金融科技领域，AI 驱动的聊天机器人与虚拟助手正在重新定义客户服务的标准。这些智能系统能够24小时不间断地为客户提供支持，无论是解答常见问题，还是处理简单的交易请求，都能做到迅速而准确，极大地提升了服务效率和客户满意度。

聊天机器人与虚拟助手通过自然语言处理技术，能够理解客户的查询意图，并提供相应的信息或指引。对于重复性高的查询，如账户余额查询、最近交易记录、密码重置等，虚拟助手能够立即给出答案，无需客户等待人工客服的回应。此外，这些系统还能识别客户的语气和情绪，以更加人性化的方式进行交流，缓解客户的焦虑感，提升整体的客户体验。

在处理简单交易方面，虚拟助手同样表现出色。例如，客户可以在聊天界面使用小额转账、支付账单、设置自动储蓄等功能，而无需登录网上银行或等待人工服务。这种无缝的交易体验，不仅方便快捷，还减少了人工操作的错误，提高了交易的安全性。

总之，机器学习在信贷审批中的应用和 AI 驱动的聊天机器人与虚拟助手，代表着金融科技如何通过自动化和智能化，优化金融服务，提升效率和客户满意度。随着技术的不断进步，我们可以期待这些智能系统在未来发挥更大的作用，为金融行业带来更多的创新和便利。

# 三、云计算对金融基础设施的影响

云计算技术为金融机构提供了弹性、可扩展且成本效益高的 IT 资源，改变了金融服务的交付方式。

## （一）资源灵活性：云计算赋能金融机构的敏捷转型

在金融科技的浪潮中，资源灵活性已经成为金融机构实现敏捷转型的关键驱动力。借助云计算技术，金融机构能够根据业务需求动态调整计算资源，这一转变不仅极大地降低了昂贵的硬件投资和维护成本，还为金融机构带来了前所未有的运营效率和市场竞争力。

传统上，金融机构需要投入大量资本购置服务器、存储设备和其他 IT 基础设施，以支持日常运营和业务扩张。这种固定投资模式不仅前期成本高昂，而且在需求波动时难以快速调整，常常导致资源过剩或不足的问题。此外，硬件维护和升级也是一项持续的开销，消耗了大量的人力和财力资源。

云计算的出现彻底颠覆了这一局面。通过云服务，金融机构可以按需租用计算资源，包括处理器、存储空间和网络带宽，无需预先购买和部署实体设备。这种模式被称为"即用即付"，意味着金融机构只为其实际使用的资源付费，从而大幅减少了资本支出，转而采用更为灵活的操作支出模式。

更重要的是，云计算提供了近乎无限的扩展能力。当业务量激增时，如在季度末或年终结算期间，金融机构可以迅速增加计算资源，确保系统稳定运行，无需担心性能瓶颈。反之，在业务淡季，可以减少资源使用，避免资源浪费，实现成本优化。

此外，云计算还简化了 IT 运维工作。云服务商负责基础设施的维护、升级和安全防护，使金融机构能够专注于核心业务，而不是 IT 管理。这不仅减轻了内部 IT 团队的负担，还确保了系统始终处于最新、最安全的状态，降低了潜在的技术风险。

总之，资源灵活性是云计算赋予金融机构的一项宝贵能力。它不仅解决了传统 IT 架构的固有问题，还为金融机构提供了快速响应市场变化和业务需求的弹性。在竞争激烈的金融市场中，这种敏捷性和成本效益的优势，正成为金融机构保持领先地位和实现可持续增长的关键要素。

# （二）数据处理能力：云平台支撑金融机构的大数据与 AI 革命

在金融科技时代，数据被视为新的石油，是驱动业务洞察、创新和竞争优势的关键资源。金融机构在处理和分析海量数据方面面临着前所未有的挑战和机遇。幸运的是，云平台的崛起为解决这些挑战提供了强大的工具，其卓越的数据处理能力不仅支持大数据分析，还为人工智能应用奠定了坚实的基础。

云平台的出现，极大地扩展了金融机构的数据处理边界。传统的数据中心受限于物理空间和硬件限制，难以应对数据爆炸式增长的需求。而云平台提供了几乎无限的计算和存储资源，金融机构可以根据实际需求动态扩展，无需担心资源瓶颈。这种弹性扩展能力确保了即使在数据量激增的情况下，系统仍然能够保持高效运行，满足分析和处理需求。

更重要的是，云平台集成了先进的数据处理技术，如分布式计算、并行处理和内存计算，这些技术能够高效地处理和分析大规模数据集。例如，Apache Hadoop 和 Apache Spark 等开源框架在云平台上运行得尤为出色，它们能够将数据处理任务分解到多个节点上并行执行，显著加快了数据分析的速度。这对于需要实时或近实时数据洞察的金融机构尤为重要。

云平台还为金融机构提供了丰富的数据分析工具和服务，涵盖了数据清洗、预处理、统计分析、机器学习和深度学习等各个阶段。这些工具和服务通常以 API 的形式提供，易于集成到金融机构现有的 IT 架构中，使得数据科学家和分析师能够专注于开发创新的数据产品，而不必过多关注底层技术细节。

在 AI 应用方面，云平台提供了高性能的 GPU 和 TPU 资源，加速了模型训练和推理过程。金融机构可以利用这些资源构建和部署复杂的 AI 模型，如自然语言处理、计算机视觉和推荐系统等，以增强客户服务、信贷审批、市场预测和反欺诈等关键业务流程。

总之，云平台的数据处理能力是金融机构迈向大数据和 AI 时代的强大引擎。它不仅解决了数据存储和计算的难题，还为金融机构提供了丰富的工具和服务，支持数据驱动的决策和创新。随着技术的不断进步，云平台将继续深化其在金融科技领域的作用，推动金融机构向更加智能、高效和客户导向的方向发展。

## （三）灾难恢复与备份：云服务的韧性和业务连续性的保障

在信息技术领域，灾难恢复与数据备份是确保业务连续性和数据安全的基石。对于金融机构而言，这一点尤为重要，因为它们处理着大量的敏感信息，任何数据丢失或业务中断都可能造成严重的经济损失和声誉损害。幸运的是，云服务商通过提供先进的冗余和灾备方案，为金融机构的数据安全和业务连续性提供了强有力的保障。

云服务的架构设计天然具备高可用性和容错性，能够有效应对各种灾难性事件，包括自然灾害、硬件故障、网络攻击等。云服务商通常在全球范围内拥有多个数据中心，每个数据中心之间通过高速网络连接，形成了一个庞大的分布式网络。这种架构确保了数据的多副本存储，即使某个数据中心发生故障，其他数据中心仍能无缝接管，保证服务的连续性和数据的完整性。

在灾难恢复方面，云服务商提供了多种策略和技术。首先是地理冗余存储（GRS），它将数据复制到远离主数据中心的远程位置，以防区域性的灾难。其次是多区域复制，它将数据同步到不同地理位置的多个数据中心，确保即使在大规模的灾难情况下，数据仍然可访问。最后，云服务商提供了快照、备份和恢复服务，允许金融机构定期或按需创建数据的副本，并在需要时快速恢复，最小化数据丢失和业务中断的时间。

为了进一步增强灾难恢复能力，云服务商还提供了一系列工具和功能，帮助金融机构制定和执行灾难恢复计划（DRP）。这些工具包括自动化的备份和恢复流程、容灾演练、恢复点目标（RPO）和恢复时间目标（RTO）的设定，以及实时监控和警报系统，确保在灾难发生时能够迅速响应和恢复。

此外，云服务商还遵循严格的安全和合规标准，包括 ISO 27001、SOC 2 Type II、PCI DSS 等，确保数据在存储、传输和处理过程中的安全。这对于金融机构而言至关重要，因为它们必须遵守严格的行业监管要求，以保护客户数据的隐私和安全。

总之，云服务商提供的灾难恢复与备份解决方案，是金融机构实现数据安全和业务连续性的关键。通过利用云服务的冗余和灾备能力，金融机构能够有效地应对各种潜在威胁，确保在任何情况下都能保持业务的稳定运行，维护客户信任和市场竞争力。随着技术的不断演进，云服务在灾难恢复领域的角色将更加重要，为金融机构的长期稳定和发展提供坚实的支撑。

## （四）协作与集成：云环境下的数据共享与合作新纪元

在当今的商业世界中，数据的无缝共享与高效协作已成为企业成功的关键因素。云环境以其独特的协作与集成能力，彻底改变了数据共享与跨部门、跨组织合作的传统模式，为企业内部和外部的协同工作开辟了新的路径。

第一，云环境打破了物理界限，促进了跨部门的数据共享。在传统的 IT 架构中，各部门可能各自拥有独立的系统和数据存储，导致"信息孤岛"现象，阻碍了数据的流通和分析。而在云环境中，数据被集中存储在云端，通过统一的平台和接口，不同部门可以轻松访问所需的数据，实现信息的实时共享。这不仅提高了工作效率，还促进了知识的横向传播，增强了企业的整体协同能力。

第二，云环境简化了与第三方服务的集成，加速了业务流程的创新。通过开放的 API，企业可以轻松地将外部服务和应用集成到自己的业务流程中，无论是支付处理、客户关系管理、供应链管理还是市场分析工具。这种集成不仅减少了开发和维护的复杂性，还促进了业务的灵活性和扩展性，使企业能够快速响应市场变化，提升客户体验。

第三，云环境下的协作与集成促进了跨组织的合作。在供应链、合作伙伴网络或行业联盟中，云平台充当了共同的数据交换枢纽，使不同的组织能够共享关键信息，如库存状态、订单详情或市场情报，而无需担心数据安全和隐私问题。这种透明度和互操作性不仅增强了供应链的效率和响应速度，还促进了行业内的最佳实践共享，推动了整个生态系统的创新和发展。

第四，云环境下的协作工具，如在线文档编辑、项目管理软件和通信平台，为团队成员提供了实时协作的平台，无论他们身处何地。这些工具支持多人同时编辑文档、进行头脑风暴会议、跟踪项目进度和分享创意，极大地提升了团队的生产力和创新能力。

总之，云环境下的协作与集成能力为企业带来了前所未有的灵活性、效率和创新潜力。它不仅打破了内部的信息壁垒，还促进了跨组织的协同工作，为构建更加开放、互联和高效的企业生态系统奠定了基础。

综合来看，数据驱动的金融服务正在推动金融行业的数字化转型，提高效率，降低成本，同时为客户提供更优质、更个性化的体验。然而，这也带来了对数据安全、隐私保护和监管合规性的挑战，需要金融机构和监管者共同努力，确保技术的健康发展。

# 第七章

## 供应链金融数字化

供应链金融（SCF）是一种金融解决方案，旨在优化供应链中的现金流，通过提供融资给供应链上的中小企业，帮助他们缓解资金压力，进而促进整个供应链的顺畅运行和效率提升。随着科技的进步，特别是数字技术的应用，供应链金融正在经历深刻的变革，数字化供应链金融成了新的趋势。

# 一、供应链金融的基本原理

供应链金融的基本原理在于利用供应链中核心企业的信用优势，为供应链上下游的中小企业提供融资。

## （一）应收账款融资

应收账款融资是供应链金融的重要组成部分，它为上游供应商提供了一种灵活且高效的融资方式。在传统的商业交易中，上游供应商向下游的核心企业（如大型零售商或制造商）提供货物或服务后，通常需要等待一段时间才能收到货款。这个等待期可能从几天到几个月不等，期间供应商的资金被占用，影响了其现金流和运营效率。

应收账款融资的机制是，上游供应商可以将其对核心企业的应收账款作为担保，向银行或其他金融机构申请贷款。这一过程通常包括以下几个步骤：供应商将合格的应收账款信息提交给金融机构；金融机构评估这些应收账款的质量、核心企业的信用状况以及供应商的还款能力；一旦评估通过，金融机构会向供应商发放贷款，贷款金额通常是应收账款价值的一部分（例如，80%），以此来降低风险；当核心企业支付应收账款时，款项直接转给金融机构以偿还贷款，剩余部分（如果有的话）则返还给供应商。

这种融资方式对于上游供应商来说有几大好处。首先，它加速了资金周转，改善了现金流，使供应商能够更快地进行再投资或满足其他财务需求。其次，由于应收账款提供了额外的安全保障，供应商往往能以较低的利率获得贷款。此外，对于核心企业而言，这种模式也有助于巩固与供应商的关系，因为及时支付账单不仅有助于供应商的财务健康，也能促进整个供应链的稳定和效率。

当然，应收账款融资也存在回收风险、供应商的违约风险，以及受市场利率波动影响。因此，金融机构在提供此类融资时，通常会采取一系列风险控制措施，如设置严格的信用审查标准、要求额外的担保或抵押、定期监控应收账款的状态。总之，应收账款融资为上游供应商提供了一个有效的工具，以优化其财务结构，同时促进了整个供应链的协同效应。

## （二）预付款融资

预付款融资是供应链金融中的一种创新模式，主要帮助下游的零售商或经销商解决在采购货物时面临的资金压力。传统上，零售商或经销商在向供应商订购商品时，通常需要预先支付一部分或全部货款，而此时货物尚未到达，销售收入更是无从谈起，这便造成了一定的现金流紧张。

预付款融资的工作原理如下：零售商或经销商在准备向供应商支付预付款时，可以向银行或其他金融机构申请贷款。银行在评估了零售商的信用状况、与核心企业的合作关系以及核心企业的信用水平后，同意提供融资。这种融资通常是以核心企业的信用为背书，因为银行相信核心企业会履行合同，确保货物按时按质送达。一旦银行批准融资，它会直接将预付款支付给供应商，而零售商或经销商则在之后按照与银行约定的条件分期偿还贷款。

预付款融资具有以下优势：缓解短期资金压力，使企业能够在不影响日常运营的情况下扩大采购量或抓住有利的采购时机；通过银行的介入，降低了交易中的信用风险，增强了与供应商之间的信任度；带来更优惠的采购价格，因为预付款往往能够协商到更好的交易条款。

然而，预付款融资并非没有风险。银行需要确保零售商或经销商有足够的偿还能力，并且货物确实会被交付，以防止信贷风险。因此，银行可能会要求零售商提供额外的担保，或是与核心企业建立紧密的合作关系，以便实时监控货物的交付情况。对于零售商而言，也需要谨慎管理自己的财务状况，确保能够按时偿还贷款，避免因逾期而产生额外的费用或损害自身信用。

综上所述，预付款融资通过引入银行作为第三方，有效地解决了供应链中下游企业面临的资金流动问题，促进了贸易活动的顺利进行，同时也加深了供应链上下游之间的合作与互信。

## （三）存货融资

存货融资是一种供应链金融策略，旨在帮助供应商利用其现有库存作为抵押品来获取融资，从而改善现金流和运营灵活性。这种融资模式分为两种主要类型：静态存货融资和动态存货融资，它们各自有不同的操作特点和适用场景。

在静态存货融资中，供应商将特定一批存货作为抵押，向银行或其他金融机构申请贷款。在这批存货被售出或使用之前，它们被置于金融机构的监管之下，不能随意动用。这意味着供应商必须保持这批存货的完整性和可追溯性，直到贷款被完全偿还。静态存货融资适用于那些拥有大量固定库存的公司，这些库存可能由于季节性销售周期或市场波动而暂时无法变现。

相比之下，动态存货融资则更加灵活。在这种模式下，供应商的整个存货池都可以作为融资的抵押品，而不仅仅是某一批特定的存货。金融机构会定期评估存货池的价值，并根据评估结果调整贷款额度。供应商可以在偿还贷款的同时继续购进新的库存，只要总体的存货价值不低于贷款额度即可。这种方式适合那些库存快速周转的企业，它们需要持续补充库存以满足市场需求，同时又希望保持良好的现金流状态。

无论是静态还是动态存货融资，供应商都能通过将原本处于"闲置"状态的库存转化为可用资金，从而更好地应对日常运营需求，如

支付员工工资、购买原材料或扩展业务。同时,这种融资方式也为金融机构提供了一种相对安全的借贷渠道,因为存货本身可以作为贷款的实物担保,降低了信贷风险。

然而,存货融资也伴随着一定的挑战和风险。首先,库存的价值可能会随市场波动而变化,这就要求供应商和金融机构持续监控库存状况,以避免贷款超出抵押品价值的情况发生。其次,对于供应商而言,过度依赖存货融资可能会导致库存积压,影响库存周转率和资金效率。最后,金融机构需要具备专业的评估和监管能力,以确保抵押的存货质量、数量和市场价值符合贷款条件,防止贷款违约风险。

总之,存货融资为供应链上的供应商提供了一种有效途径,将库存资产转化为流动资金,进而提升整体供应链的财务健康和运营效率。

供应链金融的核心在于风险分担和信息共享,使得金融机构能够基于供应链的整体表现而非单一企业的信用等级来评估风险,从而为中小企业提供更具竞争力的融资条件。

# 二、区块链在供应链金融中的应用

区块链技术因其去中心化、不可篡改和透明的特性，在供应链金融中展现出巨大潜力。

## （一）透明度与信任

透明度与信任是现代供应链管理中的关键要素，尤其是在全球化和复杂化的供应链网络中，确保各方之间的信息准确、及时共享变得越发重要。区块链技术，作为一种分布式账本技术，为提高供应链透明度和增强信任机制提供了一个革命性的解决方案。

在传统的供应链中，信息流往往受限于各个参与者的内部系统，导致"数据孤岛"现象严重，信息不透明，容易滋生欺诈行为和错误。此外，由于缺乏统一的数据标准和验证机制，供应链各环节之间的协作效率低下，成本高昂。区块链技术通过创建一个去中心化、加密的共享数据库，为所有参与者提供了一个共同的操作平台，能够实时记录和追踪每一笔交易的详细信息，包括产品来源、加工历史、物流状态以及所有权转移等。

区块链的关键特性之一是其不可篡改性，一旦数据被写入区块链，就无法被修改或删除，除非得到所有相关方的一致同意。这种特性极大地提升了数据的完整性和可信度，减少了数据被篡改和欺诈的可能性。所有交易记录都经过加密处理，并通过共识算法验证，确保了数据的安全性和隐私保护。

在供应链中应用区块链，不仅可以增加透明度，减少欺诈和错误，还能促进多方的信任建立。所有参与者都能够实时查看到最新的、一致的供应链信息，这对于提高供应链的整体效率、降低成本、实现可持续发展目标具有重要意义。例如，在食品行业中，区块链可以帮助追踪产品的原产地和成分，确保食品安全；在奢侈品行业，区块链可以用于验证产品的真伪，保护消费者权益。

总之，区块链技术通过提供一个共享的、不可篡改的交易记录，为供应链管理带来了前所未有的透明度和信任水平，促进了全球供应链的高效运作和可持续发展。

## （二）智能合约

智能合约是区块链技术的一项关键创新，它重新定义了合同的执行方式，尤其在供应链金融领域展现出巨大的潜力。智能合约本质上是一段自动执行的代码，嵌在区块链上，能够根据预设的规则和条件自动执行合同条款。这种自动化流程不仅提高了交易的效率，还显著降低了成本，减少了人为错误和欺诈的可能性。

在供应链金融中，智能合约的应用可以具体体现在多个方面。例如，在应收账款融资中，当供应商完成向核心企业交付货物后，智能合约可以自动检测到这一事件的发生，并立即启动融资流程，无需人工审核或干预。一旦货物被确认接收或通过验收，智能合约将自动释放相应的资金给供应商，减少了中间环节，加快了资金流转速度。

同样，在预付款融资的场景下，智能合约可以确保只有在满足特定条件（如货物实际发出或达到指定地点）时，才会向供应商支付预付款。这样，金融机构可以更加放心地提供融资，因为资金的释放是基于实际发生的事件，而不是仅仅依靠信用承诺。

智能合约还可以应用于存货融资中，监测库存水平，确保融资额度与实际库存价值相匹配。如果库存减少到一定水平以下，智能合约可以自动调整贷款余额，或者在库存增加时释放额外的资金，从而实现动态的融资管理。

除了提高效率和降低成本，智能合约还带来了更高的透明度和信任度。所有交易记录都存储在区块链上，不可篡改，所有相关方都可以实时查看，确保了信息的公开和一致性。这种透明度对于打击供应链中的欺诈行为至关重要，因为它减少了信息不对称和隐藏行为的空间。

然而，智能合约的应用也面临着一些挑战，如技术成熟度、法律框架的适应性以及智能合约本身的复杂性。尽管如此，随着技术的不断进步和法规的逐步完善，智能合约在供应链金融领域的应用前景十分广阔，有望成为推动供应链金融创新和发展的关键力量。

## （三）融资便利化

区块链技术在供应链金融领域的应用，正引领着一场深刻的变革，

显著地便利了融资流程，为供应链的各参与方提供了更为快速、安全且透明的融资渠道。在传统供应链融资模式下，烦琐的文件处理、缓慢的信息传递以及复杂的信用评估流程常常构成融资障碍，不仅抬高了交易成本，还拖慢了资金流动的速度。区块链的出现，以其独特的分布式账本和加密技术，彻底颠覆了这一现状，为供应链融资开辟了全新的路径。

区块链构建了一个去中心化的平台，每一笔交易都被加密并永久记录，形成不可篡改的链式结构。这种技术特性确保了资产的可追踪性和验证性，不论是实体商品、应收账款还是预付款项，均可通过区块链技术进行数字化标记和管理。资产的所有权转移、状态变更以及相关的融资活动均能在区块链上留下清晰的痕迹，简化了融资过程中涉及的信息收集与验证工作，加速了融资流程。

对于供应链金融的参与者而言，包括上游供应商、下游买家、银行及其他金融机构，区块链技术带来的融资便利性体现在多个层面。首先，它实现了融资的快速化。通过区块链，融资方可以迅速证实资产的真实性和价值，银行等融资机构可即时获取这些信息，极大缩短了信用评估和贷款审批的时间。智能合约的应用，更进一步自动化了融资流程，加快了资金到位的速度。

其次，区块链提供了融资的安全保障。其加密特性和去中心化架构，确保了交易的私密性和不可逆性，有效防范了欺诈行为。再者，交易透明度的提升增强了供应链中的信任度，所有交易记录公开透明，所有参与者均可查阅，促进了公平公正的融资环境。金融机构能够随时监控资产状态，准确评估风险；供应商和买家也能清晰掌握财务状况，做出更明智的决策。

最后，区块链技术还简化了再融资的过程。基于区块链的资产数字化，使得资产易于分割和转让，便于投资者参与，为融资方提供了更多融资选择，优化了资本配置，降低了融资成本。总而言之，区块链技术通过提供一个高效、安全、透明的平台，极大地便利了供应链金融中的融资活动，推动了供应链生态系统的优化升级。随着技术的持续演进，区块链在供应链金融领域的应用前景将更加广阔，有望为供应链金融带来更大的创新与突破。

## （四）风险评估

在供应链金融中，风险评估是决定贷款条件和利率的关键因素。传统上，金融机构在评估供应链中的风险时，依赖于各种财务报表、信用评级和历史交易数据，但这些信息往往存在滞后性，且易受人为操纵或数据不完整的影响。区块链技术的引入，为金融机构提供了更精准、实时的风险评估工具，显著提升了贷款决策的可靠性和效率。

区块链是一个分布式的、不可篡改的数据库，能够记录供应链中每一笔交易的细节，包括货物的来源、运输路径、交货状态、支付记录及合同条款等。这些数据一旦录入区块链，便无法被修改或删除，保证了信息的完整性和真实性。此外，区块链的透明特性允许所有授权参与者访问相同的数据集，消除了信息不对称的问题，确保了所有相关方对供应链状况有相同的认知。

对于金融机构而言，区块链上的这些数据具有重大价值。首先，通过对区块链上历史交易数据的分析，金融机构可以更准确地评估供应链中每个参与者的信用状况和交易习惯，识别出潜在的违约风险。例如，如果某个供应商频繁延期交货，或者某个买家经常延迟付款，这些异常行为都会被记录在区块链上，为金融机构提供预警信号。

其次，区块链技术还支持实时监控供应链的状态，使金融机构能够及时响应突发事件，如自然灾害、政治动荡或市场波动等，这些事件可能对供应链的稳定性造成冲击。通过实时数据，金融机构可以迅速调整风险评估模型，采取必要的风险管理措施，如增加保证金要求或调整贷款条款，以保护自身免受损失。

最后，智能合约在区块链上的应用进一步增强了风险控制能力。智能合约可以根据预设的条件自动执行，例如，当货物到达目的地并通过验收后，智能合约可以自动释放支付，减少了人为干预的风险。这种自动化流程不仅提高了效率，还降低了操作风险，确保了合同条款的严格遵守。

综上所述，区块链技术极大地改善了供应链金融中的风险评估流程，帮助金融机构做出更明智的贷款决策。这不仅有利于金融机构降低信贷风险，也促进了供应链上下游企业的健康发展，提升了整个供应链的效率和竞争力。随着区块链技术的不断成熟和普及，其在供应链金融风险评估中的作用将日益凸显，为金融机构和供应链参与者创造更多价值。

# 三、数字化供应链金融的风险管理

数字化供应链金融虽然提供了许多机会，但也带来了新的风险，有效的风险管理至关重要。

## （一）数据安全

数字化供应链金融的兴起无疑为企业带来了前所未有的机遇，包括提高效率、降低成本和增强透明度。然而，正如硬币的另一面，数字化转型同样伴随着新的风险和挑战，尤其是数据安全方面的威胁。在这样一个高度互联的环境中，数据的完整性和保密性成了供应链金融成功与否的关键因素。

数据安全风险主要来源于两个方面：一是外部攻击，包括黑客入侵、网络钓鱼、恶意软件等，这些攻击手段旨在窃取敏感信息，如客户资料、交易记录和财务数据，从而对金融机构和企业造成经济损失和声誉损害。二是内部风险，可能由员工失误、不当访问权限或内部欺诈引起，同样可能导致数据泄露或被滥用。

为了应对这些风险，确保数据安全，供应链金融的参与者需要采取多层面的安全措施。首先，应加强网络安全防护，包括部署先进的防火墙、加密技术和入侵检测系统，以防止未经授权的访问和数据窃

取。其次，实施严格的身份验证和访问控制机制，确保只有经过授权的人员才能访问敏感数据，减少内部风险。此外，定期进行安全审计和漏洞评估，及时发现并修复系统中的安全漏洞，是预防数据泄露的有效手段。

数据加密也是保护数据完整性和保密性的关键策略。采用端到端加密，即使数据在传输过程中被截获，也无法被解读，从而保护了数据的隐私。同时，数据备份和灾难恢复计划也是必不可少的，以防数据丢失或系统故障导致的服务中断。

除了技术措施外，建立健全的内部政策和培训计划同样重要。员工应接受定期的安全意识培训，了解如何识别和报告可疑活动，遵循最佳实践，如强密码策略、双因素认证和安全电子邮件处理程序。此外，制定应急响应计划，明确在发生数据泄露事件时的应对步骤，可以减少损失并迅速恢复正常运营。

合规性同样是一个不可忽视的方面。供应链金融的参与者必须遵守当地和国际的数据保护法规，确保数据处理的合法性。

总之，面对数字化供应链金融带来的数据安全挑战，金融机构和企业需要采取综合性的安全策略，从技术、政策和合规三个维度出发，建立多层次的防御体系，以保护供应链金融生态系统的健康和稳定。通过持续改进和创新，可以最大限度地减少数据泄露和网络安全威胁，确保供应链金融的可持续发展。

## （二）技术故障

在数字化时代，技术已成为供应链金融运作的核心驱动力。然而，与技术进步相伴而生的是对系统可靠性和灾难恢复能力的更高要求。供应链金融系统高度依赖于网络通信、数据处理和云计算等技术基础设施，任何技术故障都可能引发连锁反应，严重影响供应链的正常运行，甚至导致整个供应链瘫痪。因此，确保系统的稳定性和灾难恢复能力是维护供应链金融健康发展的关键。

供应链金融系统的设计必须考虑到冗余和容错性，以防止单点故障。这意味着系统架构应该包含备用组件和路径，即使某一部分出现故障，其他部分仍能维持基本功能，确保关键交易和服务的连续性。例如，采用多数据中心布局，数据和应用程序可以实时同步，即使其中一个中心遇到问题，另一个中心可以无缝接管，避免服务中断。

灾难恢复计划（DRP）是必不可少的。其包括定期进行灾难恢复演练，以测试系统在紧急情况下的响应能力和恢复速度。DRP应涵盖数据恢复、系统重启、业务连续性以及与关键利益相关者的沟通流程，确保在遭遇技术故障或自然灾害时，能够迅速启动预案，最大限度减少损失。

持续的技术监控和维护是预防技术故障的关键。通过实时监控系统性能指标，如服务器负载、网络延迟和数据完整性等，可以及时发现并解决潜在问题，避免故障升级。同时，定期更新软件和硬件，打补丁以抵御新出现的安全威胁，也是维护系统稳定性的必要措施。

供应链金融系统应具备灵活的扩展能力，以应对交易量的激增或

减少。云计算和微服务架构为实现这一点提供了可能，它们允许资源根据需求动态调整，确保系统在高峰期也能保持高效运行，而在低谷期则可以节省成本。

跨组织间的协调和信息共享对于构建弹性的供应链金融系统至关重要。供应链上的各个节点，包括供应商、制造商、分销商和金融机构，应建立有效的通信机制，共享关键信息，如系统状态、预测需求和潜在风险，以便集体应对突发事件。

总之，技术故障是数字化供应链金融面临的一大挑战，但通过设计高可靠性系统、制订全面的灾难恢复计划、实施持续监控和维护、采用灵活的扩展策略以及加强跨组织协作，可以显著提高供应链金融系统的韧性和稳定性，确保供应链在面对技术挑战时依然能够顺畅运行。

## （三）法律与合规

在数字化供应链金融的背景下，法律与合规问题变得尤为复杂，尤其是在全球化的供应链网络中。数字化交易的无边界特性意味着一笔交易可能涉及多个国家和地区，每个司法管辖区都有其特定的法律法规，涵盖范围从数据保护、反洗钱到跨境交易规则等，这对供应链金融的参与者提出了严峻的挑战。

数据保护是数字化供应链金融中的一个关键法律领域。随着《通用数据保护条例》在欧洲的实施，以及类似法规在全球范围内的推广，如美国的《加州消费者隐私法案》和巴西的《通用数据保护法》，供应链金融中的数据处理必须遵守严格的规定。这些法规要求企业在收集、存储和传输个人数据时，必须获得明确的同意，遵循数据最小化原则，提供数据主体访问和删除其数据的权利，以及实施适当的技术和组织措施来保护数据免受未授权访问或泄露。

反洗钱（AML）和打击恐怖主义融资（CFT）对供应链金融来说十分重要。数字化交易的匿名性和速度可能被犯罪分子利用来进行洗钱活动。因此，金融机构和供应链中的企业必须建立有效的 AML/CFT 合规体系，包括客户尽职调查（CDD）、持续监控交易活动、报告可疑交易以及与执法机构合作。这些措施有助于防止非法资金流入供应链，保护金融系统的完整性。

跨境交易规则是另一个重要的法律考量。供应链金融往往涉及不同国家之间的资金流动和货物交换，因此必须遵守各国的外汇管制、税收、关税和贸易制裁政策。这要求企业熟悉并遵守所有相关国家的法规，确保交易的合法性和透明度，避免违反当地法律而遭受罚款或更严重的法律后果。

此外，合同法和知识产权法也在数字化供应链金融中扮演着重要角色。智能合约的使用，虽然提高了交易效率，但也带来了关于合同解释和执行的新问题。同时，供应链中涉及的技术创新，如区块链、人工智能和大数据分析，可能触及专利权、版权和商标权，需要确保不会侵犯他人的知识产权。

面对这些法律与合规挑战，供应链金融的参与者必须采取主动和前瞻性的策略。这包括建立全球合规团队，与法律顾问紧密合作，持续监控和适应不断变化的法律环境，以及利用技术解决方案来简化合规流程，如采用合规管理软件和自动化报告工具。通过这些努力，供应链金融可以确保在遵守法律的同时，促进国际贸易的顺畅运行和供应链的高效运作。

## （四）操作风险

操作风险是供应链金融领域中一个不容忽视的方面，它涵盖了多种潜在的不利事件，包括人为错误、欺诈行为以及系统故障等，这些风险可能对供应链的正常运转和金融交易的完整性造成严重影响。在数字化和自动化程度不断提高的今天，操作风险的管理变得尤为重要，需要供应链金融的参与者采取积极的措施进行监控和防控。

首先，人为错误是操作风险的一个常见来源，可能源于员工的疏忽、缺乏培训或是流程上的缺陷。例如，错误的数据输入、不准确的货物描述或过失的付款处理，都可能引发供应链中断或财务损失。为了避免这类风险，企业应实施严格的内部控制措施，包括双重检查制度、定期的员工培训以及清晰的操作指南，确保所有员工都充分理解他们的职责和潜在的风险点。

欺诈行为是另一种重大的操作风险，它可以以多种形式出现，如虚假发票、身份盗用、内部欺诈或是供应链中的合作伙伴合谋。在供应链金融中，欺诈可能导致资金被盗、信用受损以及法律诉讼。为了防范欺诈，企业应建立强大的反欺诈机制，如采用先进的数据分析工具来识别异常交易模式，实施持续的背景调查以评估合作伙伴的诚信度，以及建立举报热线鼓励员工和合作伙伴报告可疑活动。

系统故障是数字化供应链金融中特别突出的操作风险，它可能源于软件错误、硬件故障、网络中断或是网络攻击。这些故障不仅会导致交易延迟，还可能造成数据丢失或泄露，对企业的运营和声誉造成长远的影响。为此，企业应投资于高可用性和容错性的 IT 基础设施，制定灾难恢复计划，定期进行系统维护和更新，以及加强网络安全防护，以确保供应链金融系统的稳健运行。

最后，供应链金融的操作风险管理需要一个全面的框架，包括风险识别、评估、监测和缓解策略。企业应定期进行风险评估，识别关键的风险点，制定相应的应急计划，并通过持续的审计和合规检查来验证风险管理措施的有效性。此外，培养风险意识文化，鼓励所有员工积极参与风险识别和报告，也是降低操作风险不可或缺的一部分。

综上所述，操作风险是供应链金融中必须认真对待的问题。通过强化内部控制、建立反欺诈机制、确保 IT 系统的稳定性和建立全面的风险管理框架，企业可以有效减轻操作风险，保障供应链金融的顺利运行和长期发展。

## （五）市场风险

市场风险是供应链金融中一个至关重要的考量因素，它涉及贷款和投资的回报可能受到宏观经济环境、行业趋势、利率变动、汇率波动以及商品价格变化等因素的影响。供应链金融的参与者，包括金融机构、供应商、制造商和零售商，都必须认识到市场风险的存在，并采取适当的缓释策略以保护自己免受不利市场条件的冲击。

　　宏观经济环境的变化是市场风险的一个主要来源。经济衰退、通货膨胀、政策变动或是全球贸易政策的不确定性，都可能对供应链的稳定性造成影响，进而影响到贷款的偿还能力和投资的回报率。例如，经济增长放缓可能导致消费者支出减少，影响零售商的销售，从而影响他们向供应商支付的能力。因此，供应链金融的参与者需要密切关注宏观经济指标，制定灵活的财务策略，以应对可能的经济波动。

　　利率变动是另一个关键的市场风险因素。浮动利率贷款在利率上升时会增加借款人的偿债负担，而固定利率贷款在利率下降时可能对贷款方不利。供应链金融的参与者需要考虑利率走势，可以选择利率掉期等衍生工具来锁定利率，或是采用混合型利率结构，以平衡利率风险。

　　汇率波动对跨国供应链尤其重要。货币汇率的波动可能直接影响到进口商和出口商的利润空间，以及跨国贷款的实际成本。供应链金融的参与者可以通过使用外汇远期合约、期权或是多币种贷款来对冲汇率风险，确保跨境交易的稳定性和可预测性。

　　商品价格的波动对依赖原材料的行业构成显著风险。价格的急剧上涨可能侵蚀利润，而价格下跌则可能影响到存货作为贷款抵押品的价值。供应链金融的参与者可以通过期货合约、套期保值策略或是与供应商签订长期固定价格合同来管理商品价格风险。

　　为了缓释市场风险，供应链金融的参与者应采取多元化策略，包括分散投资组合、定期进行风险评估和调整，以及建立应急基金以应对不可预见的市场变化。此外，利用金融科技和数据分析工具来预测市场趋势和识别潜在风险，也是现代供应链风险管理的重要组成部分。

综上所述，市场风险是供应链金融中不可忽视的因素，需要通过精心设计的风险缓释策略来管理。通过密切关注市场动态，采用适当的金融工具和策略，供应链金融的参与者可以增强自身的财务韧性，确保在不断变化的市场环境中保持稳定和增长。

数字化供应链金融通过技术革新提高了效率和透明度，但同时也要求企业采取综合性的风险管理策略，以确保供应链的稳定性和可持续性。随着技术的不断进步，未来的供应链金融将更加依赖于数字解决方案，以实现更高水平的优化和控制。

# 第八章

## 绿色金融与可持续发展

绿色金融是指将环境保护、可持续发展和社会责任纳入金融活动和实践的一种模式。它旨在通过金融手段促进环保产业的发展和绿色生态建设，实现经济发展与生态环境保护的良性循环。

# 一、绿色金融的政策与实践

在全球金融体系的转型过程中，绿色金融政策的形成与完善象征着一个重大的历史转折点，它标志着金融市场正朝着更加可持续和环境友好的方向演变。

## （一）政策框架

绿色金融趋势的显著推动力来自联合国环境规划署金融倡议（UNEP FI），自 1992 年成立以来，该倡议已成为引领全球金融界走向可持续未来的灯塔。UNEP FI 的核心使命是将可持续性原则深深植根于全球金融体系的运作之中，确保金融活动与环境保护、气候变化应对和社会责任相协调。

UNEP FI 的作用远远超出了简单的倡导层面，它提供了一个全球性的合作平台，让银行、保险公司、资产管理公司等金融机构能够汇聚一堂，分享在绿色金融领域的最佳实践、创新工具和战略思维，使得绿色金融的理念得以在行业内迅速扩散和深化。

更进一步，UNEP FI 还主导制定了多项具有里程碑意义的指导原则和框架，旨在为金融机构提供具体的操作指南，以促进绿色金融的全面发展。其中，《负责任银行原则》和《可持续保险原则》是两个尤为突出的例子。这些原则不仅呼吁金融机构将环境与社会考量融入其日常业务决策中，还强调了风险管理的重要性，以及识别和把握绿色经济所带来的新机遇。通过采纳这些原则，金融机构能够更好地评估和管理与气候变化相关的风险，同时发掘绿色投资和绿色金融产品的潜力，从而在推动全球经济向低碳、资源高效和环境可持续的模式转型中扮演关键角色。UNEP FI 的工作不仅提升了全球金融界的可持续性意识，还推动了绿色金融政策的形成与完善，促使金融机构在追求利润的同时，也积极承担起保护地球环境的责任，共同为创造一个更加绿色、公平和繁荣的未来贡献力量。

全球各地的政府正积极投身于构建支持绿色经济发展的政策框架，旨在推动经济向更加可持续和环境友好的方向转型。这些政策举措横跨财税、金融和投资等多个领域，共同营造出一个有利于绿色投资的生态环境，以期加速绿色经济的增长。

在财税政策方面，政府采取了提供税收减免和财政补贴等多项措施来激励绿色投资。这些措施特别针对那些在清洁能源、能源效率改进、污染控制以及其他环保项目上进行投资的企业和个人。通过减轻税务负担，政府鼓励私营部门积极参与绿色创新和可持续实践，从而加速绿色技术的商业化进程和广泛应用。

金融政策同样发挥了关键作用，政府和监管机构致力于打造绿色金融市场，其中包括绿色债券的发行、绿色信贷产品的推广以及绿色保险方案的创新。绿色债券作为一种融资工具，专为环境友好型项目筹集资金，为投资者提供了直接参与绿色经济的机会。同时，绿色信贷和保险产品旨在降低绿色项目的风险和成本，吸引更多资金流入可持续发展领域。此外，一些国家设立了绿色基金，旨在集中资源，为具有显著环境效益的项目提供资金支持。

监管机构也在推动绿色金融的规范发展，通过制定和实施更加严格的绿色金融标准，要求金融机构进行环境风险评估，确保其投资组合与气候目标和环境标准保持一致。例如，银行可能被要求设定绿色资产的比例目标，或开展压力测试以评估气候变化对其财务状况的潜在影响。这些措施旨在促使金融机构主动管理环境风险，并将绿色投资视为长期战略的一部分，从而促进整个金融系统的稳定性和可持续性。

在全球范围内，政府与多边机构正携手推进一项至关重要的任务：重构投资格局，使其更倾向于低碳和环境可持续的项目，以此作为应对气候变化和促进绿色经济的关键策略。这一转型不仅体现在政策制定层面，更是在实际操作中得到了体现，通过一系列创新的金融工具和合作模式，引导资本流向那些对环境有益的领域。

直接投资是政府与多边开发银行用于启动和加速绿色基础设施项目的主要手段之一。这些投资覆盖了从可再生能源开发到公共交通系统升级的广泛领域，旨在减少温室气体排放，提高能源效率，并促进资源的循环利用。通过注入公共资金，不仅可以启动项目，还能吸引私人投资者参与，形成公私合作伙伴关系（PPP），共同分担风险与收益。

担保机制是另一种强有力的工具，它通过为绿色项目提供信用增级，降低投资者面临的风险，从而鼓励私人资本进入这些通常被视为较高风险的领域。这种机制可以确保即使在市场条件不利的情况下，绿色项目也能获得必要的资金支持，从而维持其发展势头。

此外，公共私有合作模式被广泛应用于绿色基础设施建设中。政府和私营部门开展合作，共同承担项目的设计、融资、建设和运营。这种模式不仅能够汇集双方的优势，还能通过合理的风险分担机制，确保项目的经济可行性和环境效益。

这些投资政策与金融创新共同构成了一个全面的支撑体系，旨在确保金融活动与环境保护和气候行动目标相一致。通过促进绿色投资，这些政策框架不仅有助于减少环境污染和气候变化的影响，还推动经济向更加低碳、资源高效和更具包容性的模式转型。在全球层面上，随着对气候变化和环境退化问题认识的加深，绿色金融政策的重要性日益凸显，其对于实现《巴黎协定》的温控目标以及联合国的可持续发展目标至关重要，为全球可持续发展的未来提供了不可或缺的财政支持和行动蓝图。

## （二）国际实践与国内实践

在国际金融领域，绿色金融政策的推广与实践正逐渐成为推动全球可持续发展和环境保护的重要引擎。这一趋势的核心特征之一是绿色信贷的广泛应用，它作为一种创新的金融工具，旨在通过提供优惠的融资条件，如较低的利率或更灵活的还款安排，来激励企业及各类组织投资绿色项目。这些项目涵盖清洁能源开发、节能减排技术的部署、生态修复工程以及循环经济的实践，旨在减少环境足迹和促进生态平衡。

绿色信贷的普及不仅限于个别国家的国内政策，它已经成了国际金融界的共识。全球多家金融机构，特别是世界银行、亚洲开发银行等多边开发银行，已经将绿色信贷整合为其核心业务的一部分，设立专项基金或计划，专门用于支持那些对环境产生积极影响的投资项目。这些金融机构通过其庞大的资金池和全球网络，能够跨越国界，为那些在绿色经济领域寻求增长和转型的国家和地区提供必要的资金支持。

例如，世界银行的"绿色增长蓝本"倡议，以及亚洲开发银行的"亚洲绿色基础设施基金"，都是旨在通过绿色信贷和其他金融工具，推动成员国向低碳、绿色经济过渡的具体案例。这些计划不仅提供了资金，还伴随着技术援助、政策建议和能力建设，帮助项目发起者克服实施绿色项目时可能遇到的技术和管理挑战。

通过绿色信贷，金融机构能够扮演双重角色，一方面，它们作为资本提供者，确保绿色项目获得必要的资金支持；另一方面，作为政策倡导者，它们推动了绿色金融标准和实践的国际化，鼓励更多的市场参与者采纳环境友好的商业策略。这种综合方法不仅促进了绿色金融市场的成熟，也为全球应对气候变化和实现联合国可持续发展目标提供了强大的动力。随着绿色信贷在全球范围内的持续扩展，它正逐步成为连接金融与可持续发展愿景的重要桥梁，彰显了金融行业在推动全球绿色转型中不可替代的作用。

绿色债券市场近年来经历了显著的增长，成为绿色金融领域的一大亮点。它为那些寻求为绿色项目融资的实体提供了直接且有效的融资渠道，这些项目涵盖了可再生能源、能效提升、清洁交通、绿色建筑以及自然资源保护等多个领域。绿色债券的特殊之处在于，其募集资金必须专门用于环境友好型项目，这与传统的债务工具形成了鲜明对比，后者通常没有特定的资金用途限制。

为了确保绿色债券市场的健康发展和透明度，国际资本市场协会（ICMA）发布了《绿色债券原则》（GBP）。GBP 提供了一套自愿性的指导方针，旨在帮助发行者设计和管理绿色债券，同时为投资者提供清晰的信息，以便他们评估债券的绿色属性。GBP 强调了四个核心组成部分：资金使用、项目评估与选择、管理流程以及报告。遵循这些原则，发行者需要详细说明募集资金将如何用于绿色项目，如何选择和评估这些项目，以及如何管理资金流，同时还需要定期报告资金的使用情况和项目的环境效益。

由于 GBP 的实施，绿色债券市场获得了投资者的信任，吸引了全球投资者的广泛参与。绿色债券作为一种兼具财务回报和环境贡献的投资品类吸引着投资者的目光。投资者对绿色债券的需求不断上升，这也推动了发行量的大幅增加以及充满活力的市场形成。

与此同时，绿色基金作为另一种重要的绿色金融工具，通过汇集来自政府、私营部门和非政府组织的资金，为绿色技术和项目提供了集中的投资渠道。这些基金通常专注于支持那些能够促进低碳经济和

163

增强气候适应能力的项目，特别是在新兴市场和发展中国家，这些地区往往面临着资金缺口，但拥有巨大的绿色增长潜力。绿色基金通过提供种子资金、风险资本或贷款担保等形式的支持，帮助项目启动，降低了投资风险，促进了绿色经济的发展。绿色债券和绿色基金作为绿色金融的关键组成部分，不仅为全球的绿色项目提供了必要的资金支持，还推动了金融市场的创新和可持续发展。它们通过引入透明和规范的参与，为实现全球环境目标和促进经济的绿色转型作出重要贡献。

在中国，绿色金融的发展已经成为国家战略的一部分，展现了国家在推动可持续发展方面的决心。作为全球绿色金融领域的先锋，中国不仅在政策制定上走在前沿，而且在实践层面取得显著成就，为其他经济体提供了宝贵的经验和启示。

中国绿色金融体系的构建是一个全方位、多层次的过程，涵盖了从中央到地方的多个层面。在中央层面，政府通过发布相关政策文件和指导原则，为绿色金融的发展奠定了坚实的法律和政策基础。例如，2016年，中国人民银行、财政部等七部委联合发布了《关于构建绿色金融体系的指导意见》，为构建中国绿色金融体系提供了顶层设计。

在地方层面，中国设立了一系列绿色金融试验区，旨在探索绿色金融的创新路径和市场机制。浙江省的湖州和衢州，以及新疆维吾尔自治区的昌吉回族自治州，就是其中的佼佼者。这些试验区通过实施绿色信贷政策，鼓励银行向符合绿色标准的项目提供贷款，同时积极促进绿色债券的发行，为绿色项目提供长期稳定的资金来源。此外，绿色保险和碳金融产品的开发也被纳入议程，为绿色经济的参与者提供了更全面的风险管理和交易工具。

中国的绿色金融政策不仅注重金融产品的创新，还致力于市场的规范化和透明度的提升。为此，中国制定了一系列绿色金融标准，明确了绿色项目的定义和分类，为金融机构提供了指导。同时，环境风险评估被纳入金融机构的日常运营，金融机构需要评估投资项目对环境的潜在影响，从而有效防范和管理环境风险。此外，上市公司被要求披露环境信息，这一举措提高了市场透明度，加强了外部监督，同时也促进了企业的环境责任意识。

中国在绿色金融领域的探索与实践，展现了其在推动全球经济向绿色、低碳转型过程中的领导力和创新能力。绿色投资基金的设立不仅加速了清洁能源、节能技术、污染控制和生态修复等领域的技术创新，还促进了这些技术的商业化和规模化应用，进而带动了绿色产业链的形成与发展。绿色投资基金作为政府和市场资本的结合点，有效引导了社会资本流向具有高环境效益的项目，促进了经济结构的优化升级。

与此同时，中国积极构建碳交易市场，利用市场机制来控制和降低温室气体排放。碳交易市场允许企业购买和出售碳排放配额，这一机制通过经济杠杆作用，激励企业减少排放，实现经济效益与环境效益的双赢。中国全国碳排放权交易市场于2021年正式启动，是全球最大的碳市场之一，标志着中国在利用市场手段推动减排方面迈出了重要一步。碳市场的建立不仅有助于中国实现其在《巴黎协定》中的减排承诺，也为全球碳定价机制的完善提供了中国案例。

中国在绿色金融领域的这些努力，不仅推动了国内绿色经济的快速增长，还为全球绿色金融的发展积累了丰富的经验。通过政策创新、市场建设以及国际合作，中国正在构建一个全面、开放、高效的绿色金融体系，这一体系不仅服务于本国的绿色发展需求，也为其他国家提供了可借鉴的模式和路径。中国通过分享其在绿色金融政策制定、产品创新、市场培育等方面的实践，促进了全球绿色金融知识的交流与传播，加强了国家间在绿色金融领域的合作与对话，推动全球向更加可持续和环保的方向发展。

总之，绿色金融已成为中国乃至全球推动绿色转型和可持续发展的重要抓手。通过持续深化绿色金融的实践与探索，中国正在书写绿色金融的新篇章，为全球应对气候变化和实现环境可持续性目标贡献力量。

## （三）风险管理

绿色金融的风险管理是一个综合性的过程，旨在识别、量化并管理与环境和气候相关的风险，同时制定有效的风险缓释策略。这一领域主要关注两种类型的环境与气候风险：物理风险和转型风险。物理风险是指由极端天气事件和长期气候变化趋势所引起的直接经济损失，如洪水、干旱、海平面上升等，这些因素可能对资产的价值和借款人的偿债能力造成负面影响。转型风险则源于政策、技术、市场和声誉等方面的变化，特别是全球向低碳经济转型的过程中，高碳资产可能面临价值下降、成本上升和需求减少的风险。

为了应对这些风险，金融机构需要采取一系列步骤。首先，进行风险识别，通过对投资组合进行细致的环境与气候风险筛查，识别出易受风险影响的资产和借款人。其次，通过模型和数据分析进行风险量化，估计潜在风险的财务影响，这通常涉及气候情景分析、压力测试和敏感性分析。基于风险评估的结果，金融机构应制定风险缓释策略，包括调整投资组合结构、要求额外的抵押品、实施更严格的信贷标准或购买保险等方式来减轻或转移风险。

持续的风险监控与报告也是不可或缺的，这要求金融机构定期更新风险评估，并向利益相关方通报风险管理的进展和成果。此外，建立健全的公司治理结构，确保绿色金融风险管理融入决策流程，并制定相关政策来指导绿色金融活动，是风险管理的另一重要环节。通过这样的风险管理流程，金融机构不仅能保护自身免受环境与气候风险的影响，还能助推更广泛的社会和环境目标的实现，如减少温室气体排放、保护生物多样性以及可持续发展。风险管理对于实现绿色金融的长远目标至关重要，因为它有助于确保资金流向真正有助于环境改善和气候适应的项目，从而推动全球经济向更加绿色和可持续的方向发展。

# 二、碳交易与绿色债券

碳交易市场作为绿色金融体系中的核心组成部分，为全球应对气候变化的行动赋予了市场活力和经济效益，成为连接环境保护与经济发展的桥梁。

## （一）碳交易

碳交易市场的运作机制基于"总量控制与交易"（Cap and Trade）的原则，这一理念的核心是通过市场手段激励减排，同时保证经济活动的灵活性和效率。在这个机制下，政府首先确定一个总的温室气体排放上限，这一上限反映了国家或地区的减排目标。随后，这一上限被细分为一系列可交易的排放许可或配额，分配给各个企业。每个配额代表了一定额度的二氧化碳或其他温室气体的排放权利，在特定的时间段内有效。

企业根据自身情况决定是否需要购买额外的配额或出售多余的配额。那些采用高效生产流程或清洁能源技术，成功减少了实际排放量至低于分配配额的企业，可以将其未使用的配额在市场上出售，从而获得经济收益。反之，如果一个企业的排放量超过了分配的配额，就必须在市场购买额外的配额以弥补超排，否则将面临法律规定的罚款。

这种机制鼓励企业通过内部改进降低排放成本，同时为那些在减排方面有余力的企业提供了市场机会。

为了确保碳交易市场的公正性和有效性，需要有一套完善的监测、报告和验证（MRV）体系，用以准确记录和核实各参与者的排放数据和交易活动。MRV 体系确保了透明度，防止了欺诈行为，保证了市场机制的健康运行。此外，政府和监管机构还需制定详细的法规框架，包括初始配额的分配方式、未使用配额的处理规则以及新参与者和配额的引入条件，以维护市场的稳定性和公平性。

碳交易市场超越了国界，形成了一个全球性的网络。欧盟碳排放交易体系（EU ETS）是这一领域内的先驱和典范，它覆盖了欧洲多个国家和地区，通过统一的市场机制协调减排。除此之外，世界各地还有许多区域性和国家级别的碳交易系统正在运行或处于筹备阶段，共同构成了一个全球性的减排网络。

碳交易市场的存在不仅为减排提供了经济激励，还促进了绿色金融的深化发展。通过市场机制，减排成本较低的企业或项目能够通过出售额外的碳配额获得资金，这部分资金可以进一步投资于低碳技术和项目，形成良性循环。这种机制不仅促进了技术的创新和扩散，还加速了全球经济向低碳模式的转型，体现了绿色金融在平衡经济增长与环境保护目标之间的关键作用，为全球应对气候变化注入持久的动力。

## （二）绿色债券

绿色债券作为绿色金融领域中的一种创新工具，其核心使命在于为具有显著环境效益的项目筹集资本，以推动全球可持续发展和应对气候变化。这一金融工具特别针对那些能够显著减少环境足迹、促进资源高效利用以及增强生态系统韧性的项目，涵盖了从可再生能源到清洁交通、绿色建筑以及水资源管理的广泛领域。

当企业、政府或任何其他实体选择发行绿色债券时，他们会作出承诺：所筹集的资金将被专门用于预先确定的绿色项目。这些项目可能包括建设风力发电场或太阳能光伏电站，以替代化石燃料发电；推动公共交通系统的电气化或是城市自行车道的扩展，以减少交通领域的碳排放；开发采用节能材料和技术的绿色建筑，提高能效标准；以及实施水资源保护和恢复项目，确保水资源的可持续管理。所有这些举措共同致力于降低人类活动对环境的负面影响，推动社会向更加绿色、低碳的未来迈进。

绿色债券的范围并不仅限于直接的环境改善项目，它还涵盖那些能够促进环境可持续性的间接活动，如提升能源效率、减少温室气体排放、保护生物多样性以及维护自然生态系统的健康。为了确保资金的透明使用和项目的真正绿色性质，绿色债券的发行人需遵循一套严格的标准和指导原则，其中最知名的就是由国际资本市场协会（ICMA）制定的《绿色债券原则》（GBP）。这些原则要求发行人详细阐述绿色项目的计划，明确资金的用途，并在债券发行后持续报告资金的实际分配和使用情况，以证明其对环境目标的贡献。

绿色债券市场的蓬勃兴起，反映了全球范围内投资者对负责任投资理念的日益重视，以及社会对绿色经济转型的广泛支持。投资者通过购买绿色债券，不仅能够获得财务回报，还能参与到支持环保项目和促进可持续发展的进程中。随着绿色金融领域的不断成熟和扩张，绿色债券正逐步确立其作为推动绿色经济、实现低碳未来的关键融资渠道的地位，为全球可持续发展注入强大的动力。

# 三、数字技术在绿色金融中的作用

在全球积极践行可持续发展理念的当下，绿色金融成为推动经济绿色转型的关键力量。数据分析与监测凭借对海量环境数据和金融信息的精准洞察，助力精准评估绿色项目效益与风险；区块链技术以其不可篡改、公开透明的特性，为绿色金融交易构建坚实信任基石；智能合约的自动执行机制，简化流程的同时提升绿色金融业务效率；移动支付与金融服务的深度融合，使绿色金融触手可及，广泛惠及各类主体。数字技术正全方位、深层次地重塑绿色金融格局。

## （一）数据分析与监测

数据分析与监测在绿色金融领域扮演着至关重要的角色，尤其是在评估和管理环境风险方面。随着大数据和人工智能技术的不断发展，金融机构现在有能力来监测和分析与绿色项目相关的各种复杂数据。这些技术的应用极大地提高了评估绿色项目潜在回报和风险的精确度和效率。

大数据分析使得金融机构能够收集和整合不同来源的海量信息，包括气象数据、卫星图像、市场趋势、政策变化、供应链信息以及企业的环境、社会和治理（ESG）表现等。通过运用复杂的算法和机器学习模型，这些数据可以被转化为有价值的洞察，帮助识别潜在的环境风险点，如气候变化对特定区域的影响、自然灾害的频率和强度变化，或是某些行业因环境法规调整而面临的转型压力。

人工智能技术，尤其是深度学习和自然语言处理，能够自动分析大量文本和非结构化数据，从而揭示隐藏的模式和关联。例如，AI可以监控新闻报道、社交媒体和研究报告，以实时捕捉有关环境事件的信息，评估它们对绿色项目可能产生的即时和长期影响。这种实时监测能力对于及时调整投资策略至关重要，使金融机构能够在风险出现前采取预防措施。

更重要的是，通过将历史数据与当前及预测数据相结合，AI和大数据分析能够提供预测性见解，帮助金融机构预测绿色项目的未来表现，如评估项目的财务可行性、环境效益以及它们对实现可持续发展目标的贡献。通过量化这些项目的潜在回报和风险，金融机构能够做出更加明智的投资决策，同时确保资金流向最有可能产生正面环境影响的项目。

综上所述，大数据和人工智能技术为绿色金融领域带来了革命性的变化，不仅提高了金融机构对环境风险的监测和分析能力，还使其风险评估和投资决策过程更为精准，为金融机构提供了一套强大的工具集，以确保绿色项目的成功实施。

## （二）区块链技术

区块链技术在绿色金融领域展现出巨大的潜力，主要得益于其特性——提供了一个高度透明、不可篡改的分布式账本系统。这种技术的核心优势在于，一旦数据被记录在区块链上，就无法被后发更改或删除，这确保了信息的持久性和真实性。在绿色金融市场中，这一点尤为重要，因为它可以用来追踪绿色资金的流向，从源头到最终用途，每一步都清晰可见。

通过区块链，绿色项目的投资者可以实时查看他们的资金是如何被使用的，这大大增强了投资的透明度。每一笔交易都会被记录在一个区块中，这些区块通过加密链接在一起，形成了一个连续的、不可逆的链条。这意味着，一旦资金被分配给某个绿色项目，如可再生能源设施或绿色建筑的建设，所有相关方，包括投资者、监管机构和公众，都可以验证资金是否按照约定被使用。

这种级别的透明度和可追溯性提高了绿色金融市场的整体可信度。它减少了欺诈和误用资金的可能性，增强了投资者的信心。此外，区块链技术还能简化绿色金融产品的合规流程，降低审计和管理成本，因为自动化的智能合约可以执行预设的规则，无需中间人的介入。

区块链技术的应用意味着发行者可以更加容易地证明他们遵守了绿色资金使用的承诺。定期的、自动化的报告机制可以确保资金的使用符合绿色标准，进一步提升了市场的效率和公平性。因此，区块链不仅是一个技术上的革新，还是绿色金融领域中推动更负责任、更可持续投资实践的关键催化剂。

## （三）智能合约

智能合约是区块链技术的一项创新应用，它在绿色金融领域中发挥着关键作用，通过自动化执行预设的交易条件，极大地增强了交易的透明度、效率和信任度。基于区块链的智能合约实际上是一段自动运行的代码，它能够在满足特定条件时自动执行预定的协议条款，无需任何中介的干预。在绿色金融的语境下，这一特性尤其有价值，因为它可以确保资金的使用严格遵守绿色标准，从而提高此类金融产品的吸引力。

例如，在绿色债券或绿色基金中，智能合约可以设定这样的条件：只有当项目达到预先定义的环境目标，如减少一定数量的碳排放或完成某个可再生能源设施的建设时，资金才会被释放给项目方。这种机制不仅确保了资金的流向符合绿色金融的宗旨，而且通过区块链的公开账本，所有的参与者，包括投资者、项目发起人和监管机构，都可以实时跟踪资金的使用情况，确认是否达到了既定的环境绩效指标。

智能合约的自动化执行消除了传统金融交易中常见的延迟、错误和欺诈风险，同时也降低了执行合同的成本。它使得绿色金融产品更具透明度和可验证性，使得投资者能够更加自信地投入资金，因为他们知道自己的投资将直接且有效地支持环境友好型项目。此外，智能合约还可以简化合规流程，自动触发报告和审计要求，确保绿色金融项目持续符合相关的环境、社会和治理（ESG）标准。

总而言之，智能合约结合区块链技术，为绿色金融开辟了一条全新的道路，通过确保资金的有效利用和环境目标的达成，不仅提高了绿色金融产品的吸引力，也促进了绿色经济的健康发展。这种技术的应用，标志着绿色金融正朝着更加透明、高效和负责任的方向迈进。

## （四）移动支付与数字金融服务

移动支付与数字金融服务在绿色金融领域的应用，正在深刻改变人们获取和使用金融产品的方式，特别是在推动金融普惠和绿色经济发展方面展现出巨大潜力。传统金融服务的获取往往受限于物理网点的分布，而随着智能手机的普及和互联网技术的进步，移动支付和在线金融服务打破了地理限制，让绿色金融产品触手可及。

数字支付平台不仅降低了交易成本，还简化了交易流程，使得小额投资和贷款变得更为便捷。这为个人和小型企业提供了参与绿色项目的机会，如购买节能设备、安装太阳能板或是投资于清洁交通解决方案。通过移动设备，用户可以轻松地进行转账、支付账单、购买绿色债券或加入绿色众筹项目，而无需承担高昂的手续费或等待冗长的审批过程。

此外，移动支付和在线金融服务还促进了金融教育以及金融意识提升，帮助消费者更好地理解绿色金融的重要性及其益处。通过数字化平台，用户可以访问有关绿色投资的教育资源，了解如何通过财务决策支持可持续发展。这对于提升整个社会对绿色经济的认识，以及鼓励更多人参与到绿色金融活动中来，具有重要意义。

在促进金融普惠方面，数字金融服务尤其重要。这些服务能够覆盖那些传统银行体系难以触及的人群，包括低收入家庭、农民和小企业主，使他们能够获得必要的资金支持，以实施绿色项目或采用环境友好的生产方式。这种包容性不仅有助于缩小经济差距，还加速了绿色经济的转型，因为更多的人和企业能够参与到可持续发展的实践中来。移动支付与数字金融服务的普及，不仅降低了绿色金融产品的获取门槛，还促进了金融普惠，增强了社会对绿色经济发展的参与度。这一趋势正逐步消除传统金融壁垒，推动全球向更加绿色、公平和可持续的未来迈进。

综合来看，绿色金融是一个融合了金融创新与环境保护目标的前沿领域，它利用政策引导、市场机制和数字技术等多元工具，致力于推动全球经济体系朝着更加可持续和环境友好的方向转型。这一概念的核心在于将环境考量融入金融决策，确保资金流动能够促进绿色项目和活动，减少经济波动对生态环境的负面影响，同时为投资者带来合理的经济回报。

第九章

数字金融监管与治理

# 一、数字金融的监管挑战

数字金融，包括移动支付、区块链技术、数字资产和智能投顾等新兴服务，为全球金融市场带来了前所未有的创新和效率。然而，这些创新同时也带来了监管上的挑战。

## （一）数据隐私与安全

在数字金融监管中，数据隐私与安全构成了最为严峻的挑战之一。数字金融的本质在于利用信息技术，尤其是互联网和移动通信技术，为金融服务提供便捷的在线平台。这一过程中，金融机构和金融科技公司收集、存储和处理了大量的个人身份信息、财务数据、交易记录以及其他敏感信息。虽然这些数据对于提供个性化服务、风险评估、反欺诈和合规监控至关重要，但同时也成为潜在的安全漏洞和隐私侵犯的焦点。

数据泄露是数字金融领域的一大威胁。黑客攻击、内部操作失误、软件漏洞或是第三方服务商的安全疏忽，都可能导致敏感信息的不当曝光。一旦发生数据泄露，不仅客户的个人隐私和财产安全受到严重威胁，金融机构也会面临声誉损害、客户信任度下降以及可能的法律诉讼和罚款。

此外，隐私侵犯也是不容忽视的问题。在追求数据驱动的精准服务和营销策略时，某些机构可能会过度收集、非法共享或未经同意使用客户数据，这违反了数据保护法规和道德规范。消费者对于自己的数据如何被使用越来越敏感，对数据控制权的要求也越来越高，特别是在相关的数据保护法规出台之后，数据主体的权利得到了前所未有的强化。

为了应对这些挑战，数字金融监管机构和从业企业需要采取一系列措施。首先，建立强有力的数据保护框架，包括加密数据、实行访问控制、定期进行安全审计和渗透测试，以增强数据安全性。其次，遵守相关法律法规，确保数据处理活动合法合规。再次，加强用户教育，提高消费者对数据隐私的认识，让他们了解自己的权利和保护措施。最后，推动行业自律，建立数据伦理准则，促进公平、透明和负责任的数据使用文化。

总之，有关数据隐私与安全的挑战需要多管齐下的策略来应对，既要加强技术防御，也要完善法律法规，同时提升行业自律和社会意识，各方共同构建一个安全、可信的数字金融生态。

## （二）金融稳定风险

金融稳定风险是数字金融快速扩张过程中一个至关重要的议题，尤其在监管框架尚未完全适应数字时代特性的情况下，这一风险尤为突出。

数字金融的高度互联性意味着风险可以在瞬间跨市场、跨地域传播。例如，一个看似局部的事件，如某家大型金融科技公司的技术故障或数据泄露，可能会迅速波及与其相连的其他金融机构，引发连锁反应，导致市场恐慌和流动性紧缩。这种连锁效应在高度依赖实时数据交换和自动化交易的现代金融市场中尤为明显。

数字金融的复杂性增加了风险识别和管理的难度。金融科技公司往往利用复杂的算法和模型来提供金融服务，这些技术虽然提高了效率，但也可能隐藏着不易察觉的漏洞，一旦遇到极端市场条件或未知的外部冲击，可能会触发意想不到的市场动荡。此外，金融创新的速度往往快于监管更新的速度，导致监管真空，使得一些潜在风险无法得到及时发现和有效管控。

数字金融的普及可能会加剧金融市场波动。由于数字平台使得普通民众更容易接触到金融产品和服务，这可能导致市场参与者的行为模式发生变化，尤其是在面对市场信息时的反应速度和幅度。例如，社交媒体上的信息传播可以迅速影响投资者情绪，导致市场出现过度反应，从而增加市场的波动性和不稳定性。

数字金融的去中介化趋势也可能对金融稳定构成挑战。传统的银行和金融机构在金融体系中扮演着信用中介的角色，通过存款和贷款活动维持资金的流动性和市场稳定。而数字金融，尤其是基于区块链的去中心化金融平台，减少了对传统金融机构的依赖，但也削弱了中央银行和监管机构对货币政策和金融稳定的控制能力。

综上所述，数字金融的迅速崛起对金融稳定带来了复杂且多面的风险，如市场传染效应、监管挑战、市场波动性加剧及传统金融中介作用的弱化等。因此，构建一个既能促进金融创新又能有效管理风险的监管框架变得尤为重要，这需要监管机构、金融机构和金融科技公司之间的密切合作，以及对现有金融监管体系的适时改革与创新。

## （三）消费者保护

消费者保护在数字金融领域中是一项至关重要的议题。一方面，数字金融为消费者提供了前所未有的便利和个性化服务，降低了金融服务的门槛；另一方面，也加大了消费者理解和评估产品真实价值的难度，增加了被误导或遭受损失的风险。

透明度的缺失是消费者保护面临的首要问题。在数字金融环境下，产品信息往往以电子形式呈现，且可能包含大量专业术语和技术细节，这对于不具备足够金融知识的普通消费者来说难以理解。一些金融科技公司可能出于营销策略的考量，有意或无意地模糊关键条款和费用，如隐含的手续费、利率计算方式或自动续订条款，这可能导致消费者在不知情的情况下承担更高的成本或陷入不利的合同条件中。

复杂金融产品的泛滥进一步加剧了这一问题。数字平台使得高度定制化和复杂的金融衍生品触手可及，但这类产品往往涉及高级的数学模型和市场预测，其风险和回报结构对非专业人士来说难以评估。消费者可能因为追求高收益而被吸引，却忽略了潜在的高风险，如杠杆效应、市场波动和流动性风险，最终导致投资损失。

此外，数字金融的便捷性也可能催生冲动消费和过度借贷。即时信贷审批和无纸化交易简化了获取资金的过程，但同时也降低了消费者的警觉性，使他们在没有充分考虑财务后果的情况下做出决策。对于缺乏财务管理经验的消费者，尤其是年轻一代，这可能埋下债务危机的种子。

为了保护消费者免受这些风险的影响，监管机构和行业参与者需要采取积极措施。首先，加强金融教育和消费者意识，帮助公众提升金融素养，了解基本的金融原理和风险评估技巧。其次，推行强制性披露政策，要求金融机构以简单明了的语言提供产品信息，包括所有费用、风险提示和合同条款，确保消费者能够做出知情选择。再次，建立有效的投诉和纠纷解决机制，为消费者提供救济途径，同时对违规行为进行严厉惩罚，以维护市场秩序。最后，鼓励技术创新的同时，监管机构应当紧跟行业发展步伐，制定适应性强且具有前瞻性的法规，平衡创新与消费者保护之间的关系。

综上所述，消费者保护在数字金融领域中不可忽视，需要通过提高透明度、简化产品设计、加强教育和监管来构建一个健康、公平和包容的金融环境。

## （四）反洗钱与反恐融资

反洗钱与反恐融资的根源在于数字金融固有的匿名性和跨境特性，这些特性在促进金融包容性和效率的同时，也为洗钱和恐怖融资活动提供了潜在的便利渠道。

数字金融因其快速、便捷的特点而广受欢迎，尤其是对于那些希望跨越传统金融边界进行交易的用户。然而，这些优点同时也为不法分子创造了掩护其非法活动的温床。数字金融的匿名性允许用户在不完全透露真实身份的情况下进行交易，这使得追踪资金来源和目的地变得异常困难。例如，使用加密货币进行的交易，尽管在区块链上是公开的，但交易双方的身份可以通过使用混合服务（mixers）和链式交易（chain hopping）等技术手段来混淆，从而达到隐藏的目的。

跨境特性进一步加剧了这一问题。数字金融平台能够轻松地跨越国界，使得资金可以在全球范围内迅速流动，这不仅增加了资金追踪的难度，也给各国监管机构带来了执法困境。犯罪分子可以利用不同国家间的法律差异和监管空白，通过快速转移资金来规避侦查，即使是在存在国际合作的情况下，各国之间也很难实现即时的信息共享和同步行动。

为了应对这些挑战，国际社会和各国政府已经采取了一系列措施。金融行动特别工作组（FATF）等国际组织制定了反洗钱和反恐融资的指导原则和标准，要求金融机构和数字金融服务提供商实施客户尽职调查（CDD）、交易监控和可疑交易报告（STR）等措施。各国政府也在不断完善本国的法律框架，加强对数字金融活动的监管，如要求加密货币交易所注册并遵守类似于传统金融机构的 AML/CFT 规定。

技术本身也在寻求解决方案，如通过增强的 KYC 程序、利用人工智能和机器学习进行异常检测，以及开发更加透明和可追溯的区块链技术，如"可监管的"区块链，旨在平衡隐私保护与合规需求。此外，国际合作在打击跨境洗钱和恐怖融资活动中发挥着不可或缺的作用，各国监管机构、执法部门和私营部门之间需要加强信息交流和协同行动，以形成全球性的反洗钱与反恐融资网络。

综上所述，反洗钱与反恐融资是数字金融发展中不可回避的议题，需要政府、监管机构、技术开发者和国际社会共同努力，既要促进金融创新和普惠，又要确保金融系统的安全性和合法性。

## （五）跨境监管难题

　　跨境监管难题是数字金融领域中尤为突出的一个挑战，缘于数字金融的全球性质和无边界特征。随着互联网和金融科技的快速发展，金融服务不再受限于物理边界，而是能够在瞬间跨越国界，触及全球用户。这一现象为消费者和企业带来了前所未有的便利和机会，同时也给基于领土主权的传统监管框架带来了严峻考验。

　　数字金融的全球流动性意味着，一家位于 A 国的金融科技公司可以轻松为 B 国的用户提供服务，而无需在 B 国设立实体分支机构。这种情况下，B 国的监管机构可能无法直接对该金融科技公司施加管辖，尤其是当涉及数据保护、消费者权益、反洗钱和反恐融资等复杂问题时。此外，数字货币和区块链技术的出现进一步加剧了这一难题，因为它们本质上不受任何单一国家的法律约束，从而形成了所谓的"监管真空"。

　　解决跨境监管难题需要国家间的紧密合作和协调一致的监管策略。首先，各国监管机构必须建立有效的信息共享机制，确保能够及时交换有关金融科技公司运营、消费者投诉和潜在风险的信息。其次，通过签署双边或多边协议，设定共同的监管标准和执法程序，以弥补因司法管辖差异造成的监管缺口。例如，国际组织如金融稳定委员会（FSB）、国际清算银行（BIS）和金融行动特别工作组（FATF）在推动全球金融监管一致性方面发挥了重要作用。

此外，技术本身也可以成为跨境监管的助力。通过采用分布式账本技术、智能合约和监管科技等创新手段，监管机构能够实时监控跨境交易，识别潜在的违规行为，同时降低监管成本和提高效率。这些技术不仅有助于实现监管数据的标准化和互操作性，还能促进不同国家监管框架之间的兼容性。

最后，国际立法和标准制定也至关重要。国际社会需要共同努力，制定一套适用于全球的数字金融监管规则，确保无论金融科技公司在何处运营，都能受到同等程度的监管和约束。这包括建立全球认可的数字身份认证体系、统一的消费者保护措施以及跨境数据流动的法律框架。

综上所述，面对数字金融带来的跨境监管难题，国际社会必须采取集体行动，通过合作、技术应用和立法创新，构建一个既能促进金融创新又能有效维护金融稳定和消费者权益的全球监管体系。

# 二、国际金融监管协调

面对上述挑战，国际监管协调变得尤为重要。各国监管机构和国际组织正在寻求建立统一的监管标准和框架，以应对数字金融的跨界特性。

## （一）国际组织的角色

国际金融监管协调是全球金融稳定的关键组成部分，尤其在数字金融时代，其重要性越发凸显。各国监管机构和国际组织正积极采取行动，力求建立统一的监管标准和框架，以应对数字金融的跨界特性及其带来的风险。

国际组织在这一过程中扮演着核心角色，它们通过制定和推广国际监管标准，促进各国监管政策的协调一致，以期创建一个公平、透明且稳定的全球金融市场。金融稳定理事会（FSB）作为全球金融稳定的主要监督者，负责监测和评估全球金融体系的脆弱性，提出政策建议，以防止未来金融危机的发生。FSB关注数字金融创新所带来的系统性风险，推动各国监管机构加强合作，共享信息，确保监管政策能够跟上市场变化的步伐。

巴塞尔银行监管委员会（BCBS）专注于银行监管，特别是通过制定《巴塞尔协议》来设定全球银行业务的最低资本要求、风险管理和监管框架。随着金融科技的发展，BCBS 也致力于评估新技术对银行系统的影响，确保银行业的稳健性和抵御风险的能力。

国际证监会组织（IOSCO）则致力于证券市场监管，其目标是维护市场诚信，保护投资者利益，并促进全球资本市场的稳定。面对数字资产和交易平台的兴起，IOSCO 制定了一系列指导原则，以确保市场参与者能够在一个公平、透明的环境中开展业务，同时防止市场操纵和欺诈行为。

除了这些组织外，世界银行、国际货币基金组织和国际清算银行等机构也积极参与到国际金融监管协调的工作中，通过提供政策建议、技术援助和资金支持，帮助各国建立健全的金融监管体系。

国际监管协调的目标是建立一套全球公认的规则，确保金融创新不会危及金融稳定，同时保护消费者权益，防范洗钱和恐怖融资等非法活动。这要求各国监管机构之间加强沟通，共同应对跨国界的金融风险，包括通过建立跨境监管合作机制、共享监管信息和最佳实践，以及在必要时进行联合执法行动。

总之，国际金融监管协调是维护全球金融体系健康和稳定的基础，它通过国际组织的领导和各国监管机构的协作，旨在构建一个能够适应数字时代需求的全球监管框架，确保金融市场的长期繁荣和可持续发展。

## （二）多边协议与合作

为了应对跨境交易产生的挑战，各国监管机构和国际组织正积极

推动多边协议的签订和信息共享机制的建立。多个国家就共同关心的金融监管问题达成一致，确立共同的规则和标准，以促进全球金融市场的稳定性和透明度。这些协议涵盖了广泛的领域，包括反洗钱与反恐融资、消费者保护、金融稳定、市场准入、数据保护以及税务透明度等。

信息共享机制是多边合作的关键组成部分。通过建立信息共享平台，各国监管机构可以实时交换关于金融机构、市场动态、可疑交易和风险预警等重要信息，这对于预防和打击跨境金融犯罪、保障金融消费者权益以及维护金融稳定至关重要。例如，金融情报单位（FIUs）网络就是一个全球性的信息共享体系，旨在促进各国在反洗钱和反恐融资方面的合作。

此外，多边协议和合作还体现在监管机构之间的联合调查、执法行动以及跨境监管协调上。当某个国家的监管机构在调查跨境金融违法行为时，可以请求其他国家的协助，共同收集证据，甚至进行联合执法，以确保违法行为不会因国界而逃避制裁。这种合作模式极大地提高了监管效率，减少了跨境金融犯罪的空间。

国际组织在推动多边协议和合作中发挥着核心作用。例如，金融稳定理事会、国际货币基金组织、世界银行、巴塞尔银行监管委员会和国际证监会组织等机构，通过制定国际标准、提供技术支持和促进政策对话，加强了全球监管协调。这些组织还定期举办会议和研讨会，为各国监管机构提供了一个交流经验和最佳实践的平台，进一步深化了国家间的合作。

总而言之，多边协议与合作是确保全球金融市场稳定、公平和透明的基石。通过建立共同的规则、促进信息共享和加强跨境监管协调，各国监管机构能够更有效地应对数字金融带来的跨境挑战，保护投资者和消费者权益，防范金融风险，促进全球经济的健康发展。

## （三）监管科技

监管科技的兴起标志着金融监管领域的一场深刻变革，它利用前沿技术如大数据分析、人工智能和区块链，以革新传统监管流程，提升监管效率和准确性。在日益复杂的全球金融市场中，监管机构和金融机构面临着海量数据处理、合规性检查、风险评估和报告生成等挑战，而监管科技提供的解决方案旨在简化这些过程，减少人力成本，同时增强合规性和风险管理。

大数据分析在监管科技中扮演着核心角色。通过收集和整合不同来源的大量数据，包括交易记录、市场动态、社交媒体趋势和宏观经济指标，监管机构能够获得前所未有的洞察力，以识别潜在的市场操纵、欺诈行为和系统性风险。大数据工具使监管者能够进行实时监控，及时发现异常模式，并采取预防措施，而不是仅仅在事后进行响应。

人工智能的应用进一步增强了数据分析的深度和广度。机器学习算法能够从历史数据中学习，自动识别复杂的风险模型和预测市场行为。自然语言处理技术使得监管机构能够快速解读大量文档，包括合同、报告和法律文本，以确保合规性。AI还可以自动化常规的监管报告任务，减少人为错误，让监管人员能够专注于更高层次的战略决策和复杂案件的分析。

区块链技术为监管科技带来了革命性的透明度和可追溯性。作为一种分布式账本技术，区块链能够创建不可篡改的交易记录，这不仅提升了数据的安全性，也简化了审计流程。通过区块链，监管机构可以获得实时、准确的市场数据，同时确保数据的完整性和隐私保护。此外，智能合约的运用可以自动执行监管规则，减少合规成本，提高执行效率。

监管科技的实施不仅限于监管机构，金融机构同样受益匪浅。借助监管科技解决方案，金融机构能够更高效地满足监管要求，降低合规成本，同时提升风险管理能力。通过将监管流程自动化，企业可以集中资源于核心业务，增强竞争力，同时保持对市场动态的敏锐洞察。

总之，监管科技通过整合大数据、人工智能和区块链等先进技术，为金融监管带来了前所未有的效率和准确性。它不仅提升了监管机构的效能，还促进了金融机构的合规性和风险管理，为构建一个更加透明、公平和稳定的金融市场奠定了坚实的基础。随着技术的不断演进，监管科技将继续在金融监管领域发挥更加重要的作用，推动行业向更加智能化和自动化的方向发展。

# 三、金融科技创新与合规平衡

为了促进金融科技的健康发展，监管者必须找到创新与合规之间的平衡点。

## （一）沙盒监管

沙盒监管是一种创新的监管理念，旨在为金融科技公司提供一个安全的试验环境，以测试新产品、服务或商业模式，而无需完全承担现行严格法规的全部约束。这一概念最初由英国金融行为监管局（FCA）于 2015 年提出，目的是鼓励金融创新，同时确保消费者保护和市场稳定。沙盒监管的核心价值在于平衡了监管的严谨性和市场的灵活性，为新兴技术提供了成长的空间，同时也为监管机构提供了观察和评估创新影响的机会。

在沙盒监管模式下，金融科技企业可以在一个受控的市场环境中推出其创新产品或服务，这意味着它们可以暂时免受某些监管规定的限制，如资本充足率要求、信息披露标准或是特定的许可证需求。这种安排允许企业在真实环境中与客户互动，收集宝贵的反馈和数据，用于评估产品性能、用户体验以及潜在的风险点。同时，监管机构能够在不影响整个市场的情况下，密切监测和分析这些创新活动，评估其长期的市场影响和可能带来的系统性风险。

参与沙盒监管的公司通常需要满足一定的条件，包括具有清晰的商业计划、风险缓解策略以及退出沙盒的路径。监管机构会设定测试的范围和时间限制，一旦测试期结束，企业必须证明其产品或服务的安全性和合规性，才能获得全面的市场准入。这种模式鼓励了企业与监管机构之间的紧密合作，有助于建立互信，同时促进金融科技行业的健康发展。

随着时间的推移，沙盒监管的概念迅速被全球多个司法管辖区采纳。从亚洲到欧洲，再到美洲，越来越多的国家开始实施类似的监管框架，以适应金融科技的快速发展。例如，中国在北京、上海、广州等城市开展金融科技应用试点，探索构建中国版的"监管沙盒"。这不仅推动了金融创新，还促进了国家间的监管对话和标准协调，为全球金融科技生态系统的繁荣和成熟作出贡献。

总的来说，沙盒监管作为一种监管创新，有效地平衡了金融创新与消费者保护、市场稳定之间的关系，为金融科技的可持续发展提供了宝贵的支持。它通过提供一个受控且灵活的试验环境，既激发了企业的创新潜力，又确保了金融市场的整体安全和效率。随着更多国家和地区加入这一行列，沙盒监管有望成为全球金融监管的重要组成部分，引领未来的金融科技监管趋势。

## （二）适应性监管

适应性监管是现代金融监管体系中的一个重要理念，它强调监管政策必须保持足够的灵活性与前瞻性，以应对日新月异的科技环境，同时确保金融系统的稳定性和安全性。在全球化和数字化的背景下，金融市场正经历着前所未有的变革，新兴科技正在重塑金融业态，创造出新的产品、服务和商业模式。这些创新不仅为消费者和企业带来了便利，同时也带来了新的风险和挑战，因此，传统的监管框架和方法可能不再完全适用。

适应性监管的核心在于，监管机构需要能够迅速识别并评估这些新兴科技对金融体系的影响，适时调整监管规则和工具以促进创新，同时防止潜在的系统性风险。这意味着监管政策不仅要反映当前的市场状况，还要预见未来可能出现的趋势和挑战，确保规则的弹性和可持续性。

为了实现这一点，监管机构采取了多种策略。首先，建立动态的监管框架，即所谓的"活规则"，这些规则不是一成不变的，而是可以根据市场环境的变化进行调整。例如，通过引入"监管沙盒"，允许金融科技企业在受控条件下测试创新产品，收集数据，评估风险，同时给予监管机构观察和学习的机会，以便后续制定更为精准的监管措施。

其次，加强与市场参与者、学术界和技术专家的沟通与合作，建立开放的对话平台，收集行业见解，跟踪技术发展趋势，确保监管政策的制定能够基于充分的信息和深入的理解。这种合作机制有助于监管机构及时掌握市场动态，避免政策滞后于市场创新。

再次，监管科技利用大数据分析、人工智能等技术提高监管效率和准确性。通过自动化监管报告、实时监控市场活动和分析复杂的风险模型，监管机构能够更快速地响应市场变化，减少合规成本，同时提升风险预警和管理能力。

最后，国家间的合作也至关重要。鉴于金融科技的全球属性，单一国家的监管行动往往难以全面应对跨界风险，因此，国际组织和各国监管机构需要加强信息共享、政策协调和联合执法，共同构建适应性强的全球监管网络。

总而言之，适应性监管是一个持续进化的过程，它要求监管机构在保持金融稳定的基础上，灵活应对科技创新带来的机遇和挑战。通过结合动态规则、多方合作、科技应用和国际协调，适应性监管旨在打造一个既促进创新又保障安全的金融生态环境。

## （三）促进透明度

促进透明度是金融科技监管中的一个关键要素，旨在通过提高金融科技公司的信息透明度，增强消费者信心，保护投资者利益，进而维护金融市场的稳定性和公平性。在金融科技行业迅猛发展的背景下，透明度成了消费者、投资者和监管机构共同关注的焦点。这是因为，透明度不仅可以帮助消费者做出明智的财务决策，还可以确保投资者了解投资风险，同时促使金融科技公司遵循高标准的商业道德和合规要求。

提高透明度的首要步骤是强化信息披露制度。金融科技公司被要求详细披露其产品和服务的具体条款、费用结构、隐私政策、数据使用方式以及潜在的风险因素。这包括贷款利率、交易费用、数据安全措施、隐私保护政策和投资产品的预期回报与风险水平等。通过确保这些信息的公开和易于获取，消费者和投资者可以全面理解他们所参与的金融活动，做出更为理性和自主的选择。

透明度还涉及金融科技公司的治理结构和运营情况。监管机构可能会要求公司定期公布财务报告、审计结果、内部控制系统和风险管理策略。这有助于投资者评估公司的财务健康状况，了解其是否具备稳健的经营基础和良好的治理实践，从而判断投资的可行性和风险。

此外，透明度还体现在金融科技公司如何处理消费者数据和隐私问题上。随着数据成为数字时代的"新石油"，金融科技公司对个人数据的收集、存储和使用方式成了公众关注的热点。监管机构通过制定数据保护法规，要求金融科技公司明确告知用户数据收集的目的、范围和使用权限，同时保障数据的安全性和用户的隐私权。这不仅有助于防止数据滥用，还增强了用户对金融科技服务的信任。

透明度要求的实施还需要金融科技公司与监管机构之间的有效沟通和合作。监管机构应定期审查金融科技公司的合规情况，通过现场检查、审计和报告要求等方式，确保公司遵守透明度规定。同时，监管机构应当为金融科技公司提供明确的指导原则和标准，帮助其理解和遵循透明度要求，避免因不明确的规定而导致的不确定性。

最终，通过提高透明度，金融科技行业可以建立起一个更加公正、可信和负责任的市场环境。消费者和投资者能够基于充分的信息做出决策，金融科技公司则在透明的监管框架下开展业务，这不仅有利于保护消费者和投资者的利益，也有助于金融科技行业的长远发展和金融市场的整体稳定。

## （四）消费者教育

消费者教育在金融科技时代显得尤为关键，因为它直接关系到消费者能否理解复杂的金融产品和服务，从而做出明智的财务决策。随着金融科技创新的加速，市场上涌现了大量新型的金融产品和服务，从加密货币、数字支付系统到自动化投资顾问和保险科技产品。这些产品和服务往往蕴含着复杂的运作机制和潜在风险，如果没有充分的知识和理解，消费者可能会面临不必要的经济损失。

因此，加强金融教育成了一项紧迫的任务。消费者应当了解如何评估金融产品，理解其背后的机制，识别潜在的风险和收益。教授内容应该涵盖金融创新的最新趋势，如区块链技术、人工智能在金融服务中的应用，以及相关的法律法规和消费者权益保护措施。

有效的消费者教育计划应该采用多元化的传播渠道，以适应不同年龄层和教育背景的受众。这包括在线课程、工作坊、社区讲座、学校教育项目以及媒体宣传。

此外，金融教育还应该注重培养消费者的批判性思维，教会他们如何辨别虚假信息和金融诈骗，尤其是在互联网和社交媒体上。随着网络金融诈骗手段的不断升级，消费者教育需要与时俱进，提供最新的防骗技巧和安全指南。

政府、监管机构、金融机构和非营利组织都应该参与到消费者教育中来，形成合力。监管机构可以制定金融教育的标准和指南，金融机构则可以通过提供教育资源和赞助教育项目来回馈社会，而非营利组织和教育机构则可以专注于开发和实施具体的教育计划。

最终，消费者教育的目标是培养出具备金融素养的公众，他们不仅能够理解复杂的金融产品和服务，还能根据自身财务状况和目标做出理性选择。这样，消费者就能够更好地保护自己的财务安全，同时充分利用金融科技带来的便利和机会，促进个人和家庭的财务健康，以及整个社会的经济福祉。通过这样的方式，消费者教育成为连接金融科技发展与消费者权益保护的桥梁，推动了金融市场的成熟和稳定。

在监管与治理的过程中，重要的是要保持开放的对话，包括政府、监管机构、金融科技公司、消费者和其他利益相关者之间的沟通，以确保监管政策既能促进创新，又能有效防范风险。随着技术的不断发展，这一领域的监管框架也将持续进化，以适应不断变化的金融景观。

第十章

金融机构数智化转型

金融机构的数智化转型，指的是采用数字技术和智能分析手段，重新构想和优化业务流程、产品和服务，以提升效率、增强客户体验和创造新的价值。

# 一、商业银行的数字化战略

商业银行在数智化转型中扮演着关键角色。商业银行的数字化战略是其在数智化转型中不可或缺的一部分，这一战略不仅改变了银行的传统运营模式，还重新定义了客户体验、业务流程和风险管理。

## （一）客户体验优化

在数字化转型的大潮中，商业银行通过数据分析和人工智能技术深入了解客户需求，提供高度个性化的服务。利用大数据和机器学习算法，银行可以分析客户的交易习惯、消费模式和偏好，从而精准推送符合其需求的金融产品和服务。例如，智能客服机器人能够随时提供咨询服务，解决客户问题，而个性化推荐系统则能根据客户的信用评分、投资偏好等因素，推荐最适合的理财产品或贷款方案。数字化渠道，如移动银行应用和在线平台，提供了全天候的便捷服务，客户可以随时随地完成转账、支付、贷款申请等操作，大大提升了服务的即时性和便利性，改善了客户体验。

数字化转型促进了商业银行内部业务流程的自动化和智能化，显著提升了运营效率。通过机器人流程自动化（RPA）和 AI 技术，银行能够自动处理重复性高、规则明确的后台任务，如账单处理、客户信息验证和报表生成，从而减少人工干预，降低操作风险，提高后台处理速度。此外，云计算和大数据技术的应用使银行能够更高效地管理海量数据，实现跨部门的信息共享，提升决策的准确性和时效性，同时也降低了 IT 基础设施的成本。

数字化为商业银行的产品和服务创新开辟了新的道路。通过区块链技术，银行可以提供更安全、透明的跨境支付和贸易融资服务，降低交易成本，提高资金流转效率。数字钱包和虚拟信用卡等电子支付工具的开发，进一步丰富了银行的产品线，满足了客户对无接触支付的需求。此外，银行还利用数字化平台推出了一系列线上理财、投资和保险产品，为客户提供了更多样化的金融服务选择。

数字化转型还强化了商业银行的风险管理能力和合规水平。利用先进的数据分析和预测模型，银行能够实时监测交易活动，识别潜在的欺诈行为和异常交易，提高反洗钱和反恐怖融资的效率。同时，数字化工具帮助银行更好地遵守监管要求，确保合规性。例如，通过建立自动化的报告和审计系统，银行能够及时响应监管机构的要求，减少手动报告会出现的错误和延迟，提升合规管理的效率和准确性。

成功的数字化转型不仅是技术层面的更新，还涉及企业文化的转变和人才的培养。银行需要营造一种创新和敏捷的文化氛围，鼓励员工接受新技能的学习，如数据分析、编程和设计思维，以适应数字化时代的挑战。此外，招聘具备科技背景的人才，建立跨学科团队，也是数字化转型中不可或缺的一环。银行需要培养一支既能理解银行业务又能熟练运用最新科技的复合型人才队伍，以推动创新和业务增长。

在享受数字化带来的便利的同时，银行必须高度重视数据安全和个人隐私保护。这包括采用先进的加密技术和安全协议，确保客户数据的保密性和完整性，防止数据泄露和非法访问。同时，银行需遵守相关法律法规，确保在处理客户数据时尊重个人隐私权利，以赢得客户信任，维护品牌形象。

综上所述，商业银行的数字化战略是一个全面而深远的转型过程，它不仅涉及客户体验、运营效率、产品创新、风险管理、组织文化和数据安全等多个层面，还要求银行在技术创新、人才培养和企业文化建设等方面做出持续的努力。通过这些综合措施，银行旨在构建一个更加智能、高效、安全和以客户为中心的金融服务生态系统，以适应数字经济时代的发展需求。

## （二）数字化渠道

商业银行的数字化转型是一场深刻的行业革命，其中，构建和优化数字化渠道是核心策略之一，旨在打破传统物理网点的局限，提供更加便捷、高效的服务体验。随着智能手机和互联网的普及，移动银行应用已经成为银行与客户互动的重要平台。这些应用程序不仅允许用户执行基本的银行业务，如查询账户余额、转账汇款、支付账单等，还能提供更为复杂的服务，如申请贷款、购买理财产品、设置自动储蓄计划等。移动银行应用的设计注重用户体验，界面友好，操作直观，通常还配备有生物识别技术，如指纹或面部识别，以增强账户的安全性。

网上银行则是另一个关键的数字化渠道，它通过网页端为客户提供服务。网上银行平台往往提供比移动应用更全面的功能，适合那些需要进行大量交易或更细致账户管理的用户。通过网上银行，客户可以管理多个账户，进行国内外转账，查看详细的交易记录，甚至定制财务顾问服务，获取专业的投资建议。此外，网上银行还支持文件上传和下载，便于处理复杂的金融文档，如税务申报和保险理赔。

自助服务终端（ATM 机、智能柜员机等）则是连接物理世界与数字世界的桥梁，它们被部署在各个公共场所，如商场、便利店和办公大楼，以弥补物理网点的地理限制。这些终端配备了触摸屏和先进的身份验证技术，使用户能够在任何时间进行现金存取、查询余额、修改密码等操作。一些高级的智能柜员机还提供了类似柜台服务的功能，如开户、贷款咨询和打印财务报表等，极大地提升了服务的可达性和灵活性。

通过开发和优化这些数字化渠道，商业银行有效地减少了对物理网点的依赖，降低了运营成本，同时也提升了服务的便捷性和客户满意度。客户不再受制于银行的营业时间和地点，可以随时随地通过自己的设备接入银行服务，这种无缝连接的体验正在重塑现代人的生活方式，加速了金融行业的数字化进程。同时，这也对银行的技术架构和网络安全提出了更高要求，促使银行不断升级技术设施，加强数据保护措施，确保在数字化转型的过程中，客户的资产安全和个人隐私得到充分保障。

## （三）运营效率提升

金融行业的运营效率提升得益于自动化技术的广泛采用，尤其是在后台流程的优化方面。自动化不仅极大地减少了金融机构对人力的依赖，而且显著提高了处理速度和准确性，为金融机构带来了实质性的竞争优势。

自动化信贷审批。传统的人工信贷审批过程通常耗时且易出错，涉及大量文件审核和信用评估。自动化技术，包括机器学习算法和人工智能，能够快速分析借款人的财务历史、信用评分和其他相关数据，即时做出贷款决策。这种自动化流程不仅大大缩短了审批时间，从几天甚至几周缩短到几分钟，而且由于算法的客观性和一致性，也减少了人为偏见，提高了审批的公正性和准确性。

账户管理自动化。账户开立、维护和关闭等日常操作过去需要大量的手工输入和验证工作。现在，自动化工具可以处理这些任务，并确保数据的一致性和完整性。这不仅减少了人工错误，还加快了账户处理的速度，为客户提供了更快捷的服务体验。

风险管理自动化。风险管理是金融运营中的关键环节，涉及识别、评估和控制潜在的财务损失。自动化系统能够实时监控市场动态、交易活动和客户行为，迅速识别异常信号，并自动触发预警机制。这种实时监测和响应能力使得金融机构能够更有效地管理风险，避免潜在的财务损失。

通过上述自动化流程，金融机构能够显著降低运营成本，特别是在人力成本方面，同时还能提升服务质量，增强客户满意度。自动化技术的应用不仅限于信贷审批、账户管理和风险管理，还包括支付处理、合规检查、投资咨询等多个领域。随着技术的不断进步，未来的金融运营将更加依赖自动化和智能化解决方案，以不断提升工作的效率、准确性和安全性。

## （四）数据驱动决策

数据驱动决策在现代商业环境中扮演着至关重要的角色，特别是在金融服务领域，如商业银行。通过利用大数据分析，银行能够挖掘出隐藏在海量数据中的有价值信息，从而优化资源配置，预测市场趋势，并改善风险管理，确保业务的稳健发展。

首先，大数据分析可以帮助银行优化资源配置。银行拥有大量的客户交易记录、信用评分、贷款历史、存款信息等数据。通过对这些数据进行深度分析，银行可以更准确地了解客户的行为模式和偏好，识别高价值客户群，制定个性化的营销策略和产品组合，以提高客户满意度和忠诚度。此外，通过分析内部运营数据，银行能够识别效率低下的环节，优化工作流程，减少成本，提升整体运营效率。

其次，大数据分析对于预测市场趋势至关重要。银行可以通过分析宏观经济数据、行业动态、竞争对手信息以及社交媒体上的舆情，提前洞察市场变化，为决策提供依据。例如，在信贷业务中，通过分析经济周期、就业率和消费者信心指数等外部因素，银行可以预测潜在的信贷风险，调整贷款政策，避免不良贷款的增加。在投资银行业务中，大数据分析可以帮助银行预测股票、债券和商品价格的走势，为客户提供更精准的投资建议。

再次，大数据分析是改善风险管理的关键工具。银行面临各种风险，包括信用风险、市场风险、操作风险和流动性风险等。通过建立复杂的数据模型，银行可以量化这些风险，评估潜在损失，制定相应的风险控制策略。例如，在信用卡业务中，通过分析客户的信用历史、收入水平和还款行为，银行可以预测违约概率，调整信贷额度和利率，减少信用损失。在操作风险管理中，大数据分析可以识别常见的操作失误和欺诈模式，提高预警系统的敏感性和准确性。

最后，大数据分析还提升了银行的创新能力和竞争能力。通过持续监测市场动态和客户需求，银行可以快速响应市场变化，开发创新的金融产品和服务，满足不同客户群体的多样化需求。例如，通过分析小微企业和初创企业的资金需求和运营特点，银行可以设计出更灵活的贷款方案，支持实体经济的发展。同时，大数据分析还有助于银行识别新兴的金融科技趋势，推动自身的数字化转型，保持行业领先地位。

总之，数据驱动决策是商业银行在数字化时代成功的关键。运用大数据分析，银行不仅能够优化资源配置，预测市场趋势，改善风险管理，还能不断创新，提升客户体验，增强市场竞争力。随着数据科学和分析技术的不断进步，数据驱动的决策将在银行的日常运营和战略规划中发挥越来越重要的作用。

# 二、证券与保险行业的变革

证券和保险行业也在数智化转型中经历了显著变化。证券行业在过去几年中经历了由科技驱动的重大转型，特别是依靠算法交易、自动化投资平台、数字资产交易以及区块链技术的应用等创新，不仅显著提高了市场的流动性，还大幅降低了交易成本。保险行业近年来借助新兴技术，如物联网、大数据分析、智能合约和区块链技术，实现了业务模式的革新，尤其在风险评估、产品创新和理赔流程优化方面展现出了显著的进步。

## （一）证券行业

算法交易是利用计算机程序执行预设的交易指令，以期捕捉市场波动中的微小盈利机会。通过高速处理大量数据，算法交易能够识别出瞬息万变的市场动态，执行买卖指令的速度远远超过人类交易员。这不仅增加了市场深度，提高了订单匹配效率，还通过减少人为决策的延迟和误差，降低了交易成本。算法交易的广泛采用，使得市场参与者能够以更低的价差进行交易，从而增强了市场的流动性和透明度。

自动化投资平台，也被称为"机器人顾问"，通过运用复杂的数学模型和机器学习算法，为投资者提供个性化的投资建议和资产管理

服务。这些平台能够根据投资者的风险承受能力、投资目标和期限，自动构建和管理投资组合，同时持续监控市场变化，进行动态调整。自动化投资平台降低了传统投资顾问高昂的服务费用，使得更多普通投资者能够以较低成本享受到专业级的投资管理服务，进一步推动了市场的民主化。

数字资产交易，包括加密货币和代币化资产，正在重塑证券行业的交易生态。通过将实物资产或权益转换为数字代币，传统资产的交易壁垒被打破，实现了资产的分割，使得资产的流动性增强。数字资产交易平台利用区块链技术，为全球投资者提供了一个去中心化、透明、安全的交易环境，降低了跨境交易的成本和时间，拓宽了资产配置的边界。

区块链技术在证券行业的应用为证券发行和交易提供了全新的可能性。区块链作为一个分布式账本系统，确保了交易记录的不可篡改性和透明性，消除了对传统中介机构的依赖，从而降低了交易成本和结算时间。通过智能合约，区块链技术还能够自动执行证券的发行、转让和赎回过程，减少了人为干预，提高了效率。此外，区块链技术还支持资产代币化，使得资产分割和交易变得更加灵活，为投资者提供了更多的投资机会。

总之，证券行业通过采用算法交易、自动化投资平台、数字资产交易以及区块链技术，显著提高了市场的效率和流动性，降低了交易成本，同时也为投资者提供了更广阔的投资空间和更便捷的投资体验。随着技术的不断发展，我们可以期待证券行业在未来将出现更多创新，进一步推动金融市场的现代化和全球化。

## （二）保险行业

精细化风险评估与产品创新。物联网技术的广泛应用，尤其是传感器和智能设备的普及，为保险行业提供了前所未有的数据源。这些设备能够实时收集和传输关于被保险对象状态的信息，如车辆的驾驶习惯、住宅的安防状况或工业设备的运行参数。通过整合来自物联网设备的海量数据，保险公司能够运用大数据分析技术进行深度挖掘，从而实现风险的精细化评估。基于这些精准的风险画像，保险公司能够设计出更加个性化的产品，如基于使用的保险（UBI），其中最典型的例子是按驾驶里程收费的汽车保险。UBI产品根据客户实际使用情况（如驾驶里程、驾驶行为）调整保费，不仅提高了定价的公平性，还激励了客户采取更安全、更环保的行为。此外，动态定价机制使得保费能够根据实时风险变化而调整，进一步增强了保险产品的灵活性和市场竞争力。

理赔流程优化与透明度提升。智能合约和区块链技术的应用为保险业的理赔流程带来了革命性的改变。智能合约是基于区块链技术的自动化协议，它能够自动执行合同条款，无需第三方中介的介入。在保险场景下，智能合约能够根据预设的触发条件（如物联网设备报告的事故信息）自动启动理赔流程，显著缩短了理赔时间，降低了操作成本。区块链技术的去中心化特性保证了所有交易记录的不可篡改性，提高了数据的透明度和安全性，增强了客户对保险公司的信任。此外，通过区块链创建的共享数据库，保险公司之间可以更高效地交换信息，协同处理复杂案件，进一步提升了理赔效率和客户满意度。

　　综上所述，保险行业正积极拥抱物联网、大数据分析、智能合约和区块链等先进技术，以精细化风险评估、创新保险产品、优化理赔流程为目标，不断提升行业效率和客户体验。这些技术的应用不仅促进了保险业务的现代化，还为保险公司和客户之间建立了更加透明、高效和信任的关系，推动了整个保险生态系统的健康发展。随着技术的持续演进，我们有理由相信，保险行业将展现出更加丰富多样的创新形态，为社会经济的稳定和发展作出更大贡献。

# 三、金融科技公司的成长与挑战

金融科技（FinTech）公司作为数智化转型的先锋和催化剂，正在以前所未有的方式重塑全球金融生态系统。它们不仅引入了创新的金融产品和服务，还改变了消费者和企业获取金融服务的方式，从而对传统金融机构构成了挑战，激发了整个行业的创新与竞争。

## （一）创新与竞争

关于数字支付，FinTech 公司引领了支付领域的革命，通过移动支付应用、数字钱包和即时转账服务，为用户提供了快速、安全且便捷的支付解决方案。这些服务通常支持跨平台和跨境支付，打破了地域限制，极大地提高了支付效率，吸引了大量寻求更高效支付方式的用户。

关于区块链解决方案，区块链技术以其去中心化、透明和安全的特点，正在改变金融服务的底层架构。FinTech 公司利用区块链开发出智能合约、数字货币和资产代币化等创新应用，提高了交易的透明度，降低了结算成本，增强了金融市场的效率和可信度。

关于财富管理与投资，自动化投资平台（Robo-advisors）和算法交易系统通过运用先进的数据分析和机器学习技术，为投资者提供个性化的投资建议和资产管理服务。这些平台降低了投资门槛，使得普通投资者也能享受到专业级的投资管理。

关于保险科技（InsurTech），在保险行业，FinTech 公司通过采用物联网（IoT）和大数据分析，提供基于风险的定制化保险产品，如基于使用的保险（UBI）。此外，智能合约和区块链技术简化了理赔流程，提高了效率和透明度，改善了客户体验。

FinTech 公司的崛起不仅挑战了传统金融机构的市场地位，还迫使后者加快数字化转型的步伐，以适应日益激烈的竞争环境。许多银行和金融机构开始与 FinTech 公司合作，或是直接收购创新企业，以融合新兴技术和传统金融服务的优势。这种合作和竞争的动态促进了金融生态系统的多元化和创新，最终受益的将是广大消费者和整个经济体系。

总的来说，金融科技公司作为数智化转型的催化剂，不仅通过创新产品和服务颠覆了传统金融格局，还促进了金融行业的整体升级，推动了更高效、更包容和更透明的金融生态系统的形成。随着技术的不断进步和市场环境的演变，金融科技将继续引领金融行业的未来发展。

## （二）合规与监管

在金融科技领域，合规与监管是企业生存和发展的基石，尤其在快速变化的监管环境下，这一挑战变得尤为突出。随着技术的迅猛发展，金融创新层出不穷，从移动支付、数字货币到区块链技术的应用，这些新兴的金融业态不断挑战着现有的监管框架。因此，金融科技公司不仅需要密切关注监管政策的变动，确保自身业务的合规，还要积极参与和监管机构的沟通与合作，共同推动政策创新，以适应行业的发展需求。

合规性是金融科技公司运营的红线，任何违反监管规定的操作都可能带来严重的法律后果和声誉损害。金融科技公司必须深入理解所在国家或地区以及跨国运营时面临的多重监管要求，包括数据保护法规、反洗钱政策、消费者权益保护、税收法规以及金融交易的透明度要求。为了达到合规标准，公司需要建立健全的内部合规体系，包括制定详尽的合规政策、培训员工、进行定期的合规审计以及建立应急响应机制，以应对潜在的违规事件。

金融科技公司与监管机构之间的合作至关重要，这有助于确保监管政策的合理性和前瞻性。通过积极参与行业论坛、研讨会以及政策咨询过程，金融科技公司可以向监管机构提供行业视角，帮助其理解新技术的潜力和风险，从而制定更加贴合市场实际的监管规则。此外，金融科技公司还可以通过"监管沙盒"等创新方式，测试新产品和服务，在受控的环境中探索其合规性和市场适应性，同时为监管机构提供宝贵的实际操作经验，促进监管政策的不断完善。

金融科技公司不仅是监管政策的遵守者，更是推动政策创新的积极参与者。通过展示技术创新如何在保障金融稳定和消费者权益的同时促进经济增长和社会福利，金融科技公司能够引导监管机构思考如何在控制风险和鼓励创新之间找到平衡。这可能涉及倡导建立适应性更强的监管框架，如灵活的牌照制度、数据共享标准，以及促进跨境金融科技合作的政策，以支持行业的健康和可持续发展。

总之，金融科技公司在追求创新和增长的同时，必须将合规视为企业战略的核心组成部分。通过积极与监管机构合作，不仅能够确保自身业务的合法性和稳定性，还能为整个金融科技行业创造一个更加开放、公平和充满活力的监管环境。这种良性互动不仅有助于金融科技公司把握机遇，规避风险，同时也是推动金融行业整体向前发展的重要力量。

## （三）安全与隐私

在金融科技领域，数据不仅是推动业务创新和增长的核心资产，也是维持客户信任与企业声誉的关键。随着金融交易的数字化程度不断提高，海量的敏感信息，包括个人身份资料、财务记录、交易历史等，都在金融科技公司的数据库中流通和存储。因此，强化数据保护措施，防范数据泄露和网络攻击，已经成为金融科技公司不可忽视的首要任务。

为了保护数据免受未经授权的访问，金融科技公司必须采用强大的加密技术，确保数据在传输和存储过程中均处于加密状态。这包括使用行业标准的加密算法以及实施严格的密钥管理策略，以防止加密密钥的丢失或被盗用。此外，安全存储解决方案，如云安全服务和硬件安全模块（HSMs），也被广泛应用于保护静态数据，确保即使数据被非法获取，也无法轻易解读。

构建多层次的安全防御体系是抵御网络攻击的有效策略。这包括部署防火墙、入侵检测系统（IDS）、入侵防御系统（IPS）和反病毒软件，以阻止恶意软件和黑客的侵入。同时，定期进行安全漏洞扫描和渗透测试，可以及时发现并修复系统中的安全漏洞，减少被攻击的可能性。多因素认证（MFA）和生物识别技术的应用，如指纹、面部识别和虹膜扫描等，进一步加强了用户身份验证的安全性，防止账户被非法访问。

遵循严格的数据保护法规对于金融科技公司来说至关重要。这些法规要求企业必须明确告知用户数据收集和使用的具体目的，获得用户的明确同意，并赋予用户对其个人数据的控制权，包括访问、更正、删除和拒绝的权利。金融科技公司应建立完善的数据治理框架，确保数据处理活动符合法律规定，同时实施隐私保护政策，保护客户信息不被滥用。

金融科技公司还应定期对员工进行数据安全和隐私保护的培训，提高其对潜在威胁的认识，如钓鱼邮件、社会工程学攻击等。建立安全意识文化，鼓励员工报告可疑活动，可以有效预防内部威胁，减少数据泄露的风险。

尽管采取了全面的安全措施，但仍然不能完全排除数据泄露或网络攻击的发生。因此，金融科技公司需要制定详细的灾难恢复计划和应急响应流程，一旦发生安全事件，能够迅速采取行动，最小化损失，恢复业务运营。这包括数据备份策略、定期演练以及与外部安全专家的合作，以确保在紧急情况下能够迅速响应，保护客户资产和企业声誉。

总之，数据安全与隐私保护是金融科技公司赖以生存的基石。通过实施先进的加密技术、构建多层防御体系、遵守数据保护法规、提升员工安全意识以及准备灾难恢复计划，金融科技公司能够有效防范

数据泄露和网络攻击，维护客户信任，保障业务的持续稳定发展。在数据驱动的数字经济时代，金融科技公司只有将数据安全放在首位，才能在激烈的市场竞争中脱颖而出，赢得长久的成功。

## （四）技术整合

金融科技公司要在竞争激烈的市场中保持领先地位，必须持续投资于技术升级与整合，以驱动创新并提供无缝的用户体验。技术升级是确保产品和服务与时俱进的关键，涉及采纳和实施诸如人工智能、机器学习、区块链、云计算和大数据分析等前沿技术。通过这些技术，FinTech 公司可以优化风险管理、实现个性化服务、自动化流程，以及增强数据处理和洞察力，从而提升效率和客户满意度。

技术平台的整合是实现这一目标的另一核心策略，它要求 FinTech 公司确保不同技术系统和服务之间的无缝协作。这通常涉及 API 的标准化和开放，以便于各类服务和应用程序之间的通信与集成。例如，API 可以促成支付系统与银行账户、电子商务平台以及其他服务提供商之间的无缝对接，为用户提供一体化的金融体验。此外，跨平台的兼容性和统一的用户界面设计对于提供一致的高品质服务体验至关重要，确保用户在网页端、移动端或智能设备上都能享受到顺畅的操作流程。

为了覆盖更广泛的用户群体，FinTech 公司还需要确保多渠道的协同工作，即在线服务、移动应用、自助服务终端及实体网点之间能够实现信息的无缝流转和体验的连续性。用户应能在不同渠道间自由切换，无论是从手机应用开始，转向网站继续，还是最终在实体网点完成交易，整个过程都应保持流畅和连贯，无任何体验断层。

数据集成与分析同样是 FinTech 公司成功的关键。通过建立强大的数据集成平台，公司可以统一管理来自交易、用户行为以及第三方来源的多样化数据，运用大数据分析和 AI 技术挖掘其中的价值，优化产品设计，改进风险管理，并提供个性化服务。数据集成还支持实时决策，帮助公司迅速响应市场动态，抓住机遇。持续的技术投资与整合使 FinTech 公司能够保持技术先进性，提供卓越的用户体验，从而在数字经济中占据有利位置。通过平衡技术创新、用户体验和数据利用，这些公司不仅能够满足现有客户需求，还能吸引新用户，推动业务持续增长和市场竞争力的提升。

总结而言，金融机构的数智化转型是一个持续的过程，涉及技术、业务模式和组织文化的深刻变革。这一转型不仅提升了金融服务的效率和客户满意度，还促进了金融市场的创新和包容性。然而，转型也伴随着挑战，包括技术风险、合规难度和市场竞争，这些都需要金融机构与监管机构、科技伙伴和客户共同应对，以实现可持续的金融生态发展。

第十一章

数字金融下一个十年

# 一、数字金融的长期趋势预测

在科技飞速发展的当下，数字金融已从涓涓细流汇聚成汹涌浪潮，强势冲击并重塑着传统金融版图。它以数字技术为利刃，划破时空局限，以数据要素为燃料，驱动金融创新引擎。从为实体经济精准"输血"，到引领产业与消费金融协同共舞；从开拓绿色金融新航道，到推动金融机构自身的数字化蝶变，数字金融正全方位改写着金融行业的发展脚本。探寻其未来轨迹，洞察长期趋势，不仅关乎金融行业的兴衰，更将深刻影响整个社会经济的走向，成为解锁未来发展密码的关键所在。

## （一）数字技术与数据要素深度融合驱动创新

随着时间推移，数字技术与数据要素将成为数字金融创新的双核心动力。在技术层面，人工智能、区块链、云计算、大数据等技术将持续迭代升级，并实现更深度的融合。例如，人工智能的机器学习算法将更加精准地挖掘海量金融数据背后的规律，结合区块链的不可篡改特性，为金融交易的安全性与透明度提供双重保障。

## （二）与实体经济全方位、深层次融合

数字金融与实体经济的融合将迈向新高度。一方面，在传统产业

数字化转型进程中，数字金融将提供定制化的金融解决方案。例如，在制造业，借助物联网技术，金融机构可实时掌握企业生产设备运行状况、库存周转等信息，为企业提供基于供应链的金融服务，优化资金流管理，降低融资成本。另一方面，对于新兴产业，如人工智能、新能源、生物医药等，数字金融将在企业初创期、成长期、成熟期等不同阶段，匹配以天使投资、风险投资、供应链金融、上市融资等全生命周期的金融服务，助力新兴产业快速发展壮大，推动产业结构优化升级，真正实现金融服务实体经济的宗旨。

### （三）产业金融与消费金融协同共进

未来，产业金融与消费金融将打破界限，协同发展。在产业端，围绕产业链核心企业，数字金融将构建起涵盖上下游企业的金融服务网络，保障产业链供应链稳定运行。例如，在汽车产业，金融机构不仅为整车制造企业提供项目贷款、设备融资租赁等服务，还为零部件供应商提供应收账款融资等支持。在消费端，随着消费场景日益数字化，消费金融将深度嵌入电商购物、线上旅游、在线教育等场景，通过大数据分析消费者行为偏好，提供个性化消费信贷产品。更为重要的是，产业金融与消费金融将实现数据共享与业务联动，如通过消费者购买行为数据反馈，助力企业优化生产与库存管理，同时企业的产业发展动态也将影响消费金融产品设计与投放，形成"科技—产业—金融"的良性循环。

（四）金融业态与模式持续绿色化

在全球可持续发展理念深入人心的大背景下，数字金融绿色化趋势将越发显著。一方面，绿色金融产品和服务将不断丰富与创新。除了现有的绿色信贷、绿色债券外，碳金融衍生品交易、绿色保险创新产品等将不断涌现。例如，基于区块链技术的碳交易平台，可实现碳排放权的精准计量、交易追溯与监管，促进碳市场高效运行。另一方面，数字金融将助力传统金融业务的绿色转型，通过数字化手段优化资源配置，引导资金流向环保、节能、可再生能源等绿色产业，推动经济社会的绿色低碳发展，完善多层次绿色金融产品和市场体系。

（五）数字人民币应用广泛拓展

数字人民币作为我国数字金融领域的重要创新成果，其应用将在未来加速推广。从场景拓展来看，除了现有的零售支付场景，数字人民币将逐渐渗透到公共交通、医疗社保、政务服务缴费等更多领域。例如，在一些城市，市民已可使用数字人民币乘坐地铁公交，未来有望实现跨区域、跨交通方式的互联互通。同时，在跨境贸易与金融领域，数字人民币也将发挥重要作用，提升跨境支付效率，降低交易成本，增强我国在全球数字金融领域的话语权，不断提升数字人民币的交易规模与国际影响力。

（六）金融机构组织体系全面数字化

金融机构将持续推进组织体系的数字化变革。在内部管理方面，利用数字化工具优化流程，实现人力资源管理、财务管理、风险管理等的智能化。例如，通过大数据分析员工绩效与能力，为员工提供个性化培训与职业发展规划；运用智能风控系统实时监测机构整体风险状况，及时预警并处置风险。在对外服务上，打破传统物理网点限制，构建线上线下融合的服务模式。借助人工智能客服、远程视频柜员等技术，为客户提供 7×24 小时不间断服务，提升客户服务体验。同时，监管机构也将同步构建金融监管科技创新体系，运用大数据、人工智能等技术加强对数字金融业务的监管，确保金融市场稳定、健康发展。

# 二、全球化与地区差异

全球化与数字金融的交织作用，既是推动全球经济一体化的强大引擎，也是揭示地区间发展不平衡的一面镜子。为了确保数字金融的全球红利得以公平分享，国际社会需共同努力，推动数字普惠，缩小"数字鸿沟"，确保每个国家和地区的人民都能从全球化与数字金融的深度融合中获益。全球化背景下的数字金融，尽管表面上承诺了金融包容和平等的接入机会，但在实际操作中却往往放大了地区间的不平等。这一悖论的核心在于"数字鸿沟"的存在，这是指全球各区域在信息技术基础设施、互联网接入能力和数字技能掌握上的显著差异，导致了数字金融服务的可获得性和利用效率在不同地区之间存在显著的不均衡。

在信息技术基础设施完善、互联网普及率高的地区，居民不仅能够轻松访问各种数字金融服务，如移动支付、在线银行、电子钱包和数字信贷，还能有效地利用这些工具来管理个人财务、开展商业活动，甚至进行跨境交易。这些地区的人们通常具备较高的数字素养，能够理解数字金融产品的复杂性，把握其潜在的风险和收益，从而更好地从中获益。数字金融的便利性和效率在这样的环境下得到了最大化体现，促进了经济活动的活跃和创新的繁荣。

然而，在那些信息技术基础薄弱、互联网接入受限的地区，即使有先进的数字金融工具和服务存在，也无法被有效利用。这些地方的民众可能因为缺乏必要的硬件设备，如智能手机或电脑，而无法接入互联网；或者由于数字教育的缺失，缺乏对数字金融基本概念的理解和相关的操作技能，使得他们即便面对数字金融服务，也难以信任或正确使用。此外，文化和语言障碍、对隐私和安全的担忧，以及对新技术的普遍不熟悉，都是阻碍这些地区民众享受数字金融益处的重要因素。

随着数字金融在促进贸易、投资和经济增长中的作用日益凸显，那些被"数字鸿沟"隔绝的地区可能会发现自己越来越难以融入全球市场，无法享受全球化带来的经济红利，反而可能陷入更加严重的贫困和不平等之中。因此，缩小"数字鸿沟"，提升全球范围内的数字接入和数字素养，是确保所有地区都能从数字金融中公平受益，促进全球经济包容性增长的关键所在。

因此，虽然全球化与数字金融的结合无疑为世界创造了前所未有的机遇，但同时也提出了如何确保技术普惠、减少地区差异的紧迫挑战。为了克服"数字鸿沟"，国际社会需要共同努力，投资基础设施建设，提高全民数字素养，制定包容性的政策，以使得每个人都能平等地从数字金融的浪潮中受益，从而实现更加均衡和可持续的全球化发展。

# 三、数字金融的伦理与社会责任

数字金融的崛起不仅重塑了金融服务的交付方式，也带来了深刻的伦理考量与社会责任议题，这些问题关乎个人隐私、公平正义、消费者权益以及社会可持续性，构成了数字金融健康发展不可或缺的基石。

## （一）数据隐私与安全

在数字金融迅猛发展的背景下，数据隐私与安全已成为行业伦理的核心议题，其重要性不容小觑。随着个人数据在数字经济中的价值日益凸显，它不仅成为企业运营和创新的关键驱动力，也成了黑客和不法分子觊觎的目标。因此，保护数据隐私，防止数据泄露和未经授权的访问，成了数字金融公司面临的重大责任和挑战。

为了应对这一挑战，数字金融公司必须实施一系列严格的数据保护措施。首要的是采用先进的加密技术，确保数据在传输和存储过程中的安全。加密技术可以防止敏感信息在中途被截取或篡改，为数据安全提供了一层坚固的防护网。此外，公司还应当定期更新和升级其安全系统，以抵御不断演变的网络威胁。

除了技术手段，建立健全的数据收集与使用政策同样重要。透明度是建立用户信任的基石，因此，数字金融公司应当明确告知用户其数据收集的目的、范围和使用方式，以及数据可能被分享的对象。这包括让用户知晓数据是如何被收集、如何被存储，以及如何被使用的，确保用户的知情同意。同时，公司应设立明确的数据保留政策，仅在必要的时间内保留数据，在不再需要时安全删除。

在发生数据泄露事件时，迅速而有效的响应机制是必不可少的。这要求公司建立一套完善的应急计划，包括立即通知受影响的用户，提供必要的补救措施，如更换密码或提供信用监控服务，以及向相关监管机构报告事件详情。透明和及时的沟通对于恢复用户信任至关重要。

此外，持续的员工培训和教育也是数据保护策略中不可或缺的一部分。员工应当接受定期的网络安全培训，了解最新的安全威胁和最佳实践，以减少因人为错误导致的数据泄露风险。

总而言之，数据隐私与安全是数字金融领域中不可忽视的伦理考量。通过采用先进的加密技术、建立透明的数据政策、制订应急响应计划以及持续的员工培训，数字金融公司能够有效地保护用户数据，维护用户隐私，从而在数字时代中赢得用户的信任和忠诚。这不仅是法律和道德的要求，也是企业长期成功和可持续发展的基石。

## （二）公平与公正

在数字金融时代，公平与公正是确保金融服务惠及所有人群的关键原则，特别是在算法设计和应用的过程中。随着算法决策在信用评分、贷款审批等核心金融业务中的普及，防止任何形式的偏见和歧视变得尤为重要。这不仅关乎法律合规，更是维护社会正义和提升金融服务质量的内在要求。

为了避免算法偏见，数字金融服务提供商必须采取一系列措施。首先，算法的设计和训练数据集需要仔细审查，以剔除任何可能反映社会偏见的因素。例如，在信用评分模型中，应避免使用与种族、性别、年龄等敏感属性直接相关的变量，因为这些变量可能无意中引入偏见，影响决策的公正性。服务提供商应当充分考虑客观的财务指标和信用历史数据，确保算法决策基于个人的财务表现。

其次，定期审计算法是确保其公正性的必要步骤。这包括对算法输出结果的持续监测，检查是否存在针对特定群体的系统性偏差。如果发现偏见，应及时调整算法参数，或修改数据预处理方法，以消除偏差来源。外部独立专家的参与可以增加审计的客观性和专业性，为算法的公正性提供额外的保证。

再次，提供算法决策的解释机制对于建立用户信任至关重要。透明度意味着向客户展示决定背后的逻辑，即使不能完全披露算法的具体细节，也应该提供足够的信息，让客户理解为何会做出某一决策。这不仅能够增强客户的信心，也便于客户提出质疑或申诉，确保有途径纠正潜在的错误或不公。

最后，建立一个反馈循环也很重要，允许客户和监管机构就算法决策提出意见和建议。这有助于持续改进算法，确保其随着时间的推移保持公正性和适应性。通过这些综合措施，数字金融服务能够在算法设计和应用中维护公平与公正，促进金融包容性。这不仅是对数字金融行业伦理标准的坚守，也是构建一个更加公正、透明和值得信赖的金融生态系统的基石。

## （三）消费者保护

消费者保护在数字金融领域中占据着核心位置，对于维持金融市场稳定性和消费者信心至关重要。随着数字技术的飞速发展，金融服务变得日益便捷，但也带来了新的挑战，尤其是在透明度和诚信方面。因此，数字金融企业肩负着重大的责任，必须采取一系列措施来确保消费者权益得到妥善保护。

数字金融企业的首要任务是提供详尽且易于理解的产品和服务信息。这意味着所有与产品相关的条款、条件、费用、利率以及潜在风险都应清晰地展示给消费者，尽量避免使用复杂的行话或模糊表述。透明度不仅体现在合同文本中，还应贯穿于整个营销和销售过程中，确保没有误导性广告或促销活动，让消费者能够基于全面的信息做出明智的财务决策。

其次，数字金融企业需要制定明确的风险提示机制。这包括在产品宣传材料和交易确认环节中突出显示潜在风险，确保消费者在参与任何金融活动前都充分意识到可能面临的不利后果。风险提示应具体、直接，避免隐晦表述，以便消费者能够准确评估自身承受风险的能力。

除此之外，建立高效的投诉处理流程对于消费者同样重要。这要求企业设立一个透明、公正且响应迅速的投诉机制，允许消费者在遇到问题时能够及时提出，并获得合理的解决方案。企业应确保所有投诉都被认真对待，对消费者提出的每一项诉求都给予恰当回应，必要时进行调查并采取纠正措施，以防止类似问题再次发生。

在数字金融领域，消费者保护还涉及对个人信息的妥善管理。企业必须遵守数据保护法规，采取适当的技术和组织措施，防止消费者数据泄露或被滥用。这包括加密敏感信息、限制数据访问权限以及定期审查数据处理流程，确保所有操作符合最高安全标准。

总而言之，消费者保护是数字金融企业的责任，它不仅关乎法律法规的遵守，更是企业声誉和市场竞争力的基石。通过提供清晰的产品信息、强调风险提示、建立有效的投诉处理机制以及严格的数据保护措施，数字金融企业能够建立消费者信任，促进市场健康发展，最终实现企业与消费者之间的双赢。

## （四）社会责任投资

包括环境（Environmental）、社会（Social）和治理（Governance）三方面维度的 ESG 正逐步成为塑造数字金融行业格局的关键趋势。在当今全球面临多重挑战的背景下，投资者对企业的 ESG 表现给予了前所未有的关注。他们寻求的不仅是财务回报，还希望投资活动能够促进可持续发展，对社会和环境产生积极影响。

数字金融平台在推动 ESG 方面发挥着至关重要的作用。通过先进的数据分析和算法，这些平台能够筛选出符合 ESG 标准的项目和企业，为投资者提供一个更加透明、负责任的投资环境。例如，平台可以利用大数据和机器学习技术，评估企业的碳排放、水资源管理、劳工权益、社区参与以及董事会多样性等指标，从而识别出那些在环境保护、社会责任和良好治理方面表现卓越的公司。

通过推荐这些符合 ESG 标准的投资标的，数字金融平台不仅引导资金流向可持续发展的领域，还促进了整个社会的绿色转型和公平进步。投资者在追求财务目标的同时，也能够参与到推动全球可持续发展目标实现的行动中，如减缓气候变化、消除贫困、促进性别平等等。

ESG 投资的兴起，对于金融行业而言，意味着一次深刻的范式转变。它促使金融机构重新审视其业务模式，从单纯的利润导向转向更加注重长期价值创造和社会责任。数字金融平台通过整合 ESG 数据，不仅帮助投资者做出更加明智和道德的投资决策，还为企业提供了激励，鼓励它们在运营中进行更加环保、更负责任和更透明的治理实践。

总之，ESG 投资已经成为数字金融行业不可忽视的趋势，它不仅体现了金融行业的长远责任和愿景，还为投资者提供了追求财务回报与促进全球可持续发展的双重机会。通过数字金融平台的筛选和推荐功能，资金被引导至那些致力于环境保护和社会福祉的项目和企业，这不仅有益于地球的未来，也为投资者开辟了通往长期价值创造的新路径。

综上所述，数字金融的伦理与社会责任要求行业参与者在追求技术创新和商业利益的同时，注重个人隐私的尊重、对社会公平的承诺、对消费者权益的保护以及对可持续发展目标的贡献。唯有如此，数字金融才能真正实现其普惠、安全和负责的使命，促进全球经济的健康、平衡发展。

数字金融的未来发展将需要平衡创新与监管，确保技术进步能够带来普遍的社会福祉，而不是加剧不平等或产生新的风险。同时，跨行业和跨国界的合作将至关重要，以制定全球性的标准和最佳实践，应对数字金融带来的挑战。数字金融的未来取决于创新与监管之间的精妙平衡，以及跨行业和跨国界的协同努力。只有这样，才能确保技术进步惠及全球社会，同时有效管理伴随而来的风险，推动数字金融向着更加安全、公平和可持续的方向发展。

　　撰写完《数字时代的金融新版图》的最后一页时，心中涌动的是一种混合着期待与敬畏的情感。本书不仅记录了数字金融的现状与演变，更试图勾勒出它在未来十年乃至更长远时间内的可能轨迹。我们站在一个时代的交界处，前方是一片未知但充满希望的领域。

　　回顾数字金融的兴起，可以看到一条清晰的脉络：从最初的电子银行和网上交易，到如今的移动支付、区块链、数字货币和智能投顾，每一步创新都深深植根于科技的进步与社会的需求之中。这些变化不仅改变了金融的面貌，更深刻影响了人们的生活方式和全球经济的运作模式。

　　然而，未来的路并非坦途。数字金融的持续演进将面临诸多挑战：如何在保护隐私与促进数据共享之间找到平衡？如何确保金融创新的红利能够公平地惠及每一个人？如何在全球化的背景下，构建一套既灵活又稳健的监管框架？

　　本书的最终目的是激发思考与行动。数字金融的未来不是注定的，而是由我们共同塑造的。这需要政策制定者、金融从业者、科技公司、消费者以及社会各界的共同努力，共同探索一条既能促进创新又能保障安全与公平的发展道路。只有通过开放的对话、持续的学习和勇敢

235

的试验，才能真正解锁数字金融的全部潜力，为全人类带来更加繁荣、公平和可持续的未来。

本书的完成离不开众多专家、学者、从业者以及编辑团队的辛勤付出。在此向所有贡献者表示最深的谢意，同时感谢每一位读者，是你们的好奇心和求知欲推动了知识的传播和思想的碰撞。

在这个快速变化的世界里，唯一不变的是变化本身。让我们带着这份书中的洞见，勇敢地迈向数字金融的黎明，共同绘制属于我们时代的金融新版图。